한 방으로 끝내는
영단어

한 방으로 끝내는 영단어

김승엽 지음 | 김수경 · 카렌다 감수

가림 Let's

한 방으로 끝내는 영단어

2002년 1월 15일 제1판 1쇄 인쇄
2002년 1월 20일 제1판 1쇄 발행

지은이/김승엽
감수자/김수경 · 카렌다
펴낸이/강선희
펴낸곳/가림Let's

기획위원/강경무 · 김충호 · 석종복 · 이창석 · 지창영
기획 · 편집/장연수 · 이선희 · 김진호 · 손일호 · 홍경숙 · 이정아
홍보/한국종
마케팅/강명회 · 김진욱

등록/2001. 12. 1. 제5-206호
주소/서울시 광진구 구의동 57-71 부원빌딩 4층
대표전화/458-6451   팩스/458-6450
홈페이지 http://www.galim.co.kr
e-mail galim@galim.co.kr
천리안 ID galimmb

값 9,800원

ⓒ 김승엽, 2002

ISBN 89-89967-03-1 03740

가림출판사 · 가림M&B · 가림Let's의 홈페이지(http://www.galim.co.kr)에 들어오시면 가림출판사 · 가림M&B · 가림Let's의 신간도서 및 출간 예정 도서를 포함한 모든 책들을 만나실 수 있습니다.
온라인 서점을 통하여 직접 도서 구입도 하실 수 있으며 가림 홈페이지 내에서 전국 대형 서점들의 사이트에 링크하시어 종합 신간 안내 및 각종 도서 정보, 책과 관련된 문화 정보를 받아보실 수 있습니다.
또한 홈페이지 방문시 회원으로 가입하시면 신간 안내 자료를 보내드립니다.

한국에는 1950~1960년대에 '보릿고개'라는 말이 있었다. 그때는 무엇을 먹을까를 걱정하는 선택적 식생활이 아니라, 쌀밥이든 보리밥이든 어떻게 하면 배불리 먹을 수 있을까 매끼니를 걱정해야 했던 절박한 시대였다. 미국의 구호 식량 물자가 배고픔을 덜어 주는데 도움을 주던 시대였다. 그러나 이제는 세상이 많이 달라졌다. 식생활은 물론 입는 것, 살아가는 것 자체가 고급화되어 가고 있으며 공연, 전시회 등 다양한 문화생활을 찾아 즐기며 살아가게 되었다. 다시 말해서 먹고 살아가기에 급급했던 생명 유지의 기본적인 생활에서 벗어나 삶의 질을 따지는 시대가 된 것이다.

영어에 있어서도 마찬가지다. 한때는 미군부대 영어가 의사소통의 수단으로 사용되던 시대가 있었다. 그러나 생활 여건이 향상되면서 이제는 영어도 그 질을 높여야 하는 시대가 온 것이다. 뜻만 통하면 된다는 '얼굴 깜깜해' 식 영어에서 벗어나 고급영어를 추구해야 하는 시대가 온 것이다.

그래서 여기에 초점을 맞추어 이 책을 쓰게 되었다. 지금은 세계화 시대라고 한다. 따라서 이제는 우리도 시대에 동참하는 언어생활을 해야 한다.

이 책이 독자 여러분들의 영어의 질을 높이는 데 보탬이 되는 책이 되기를 바란다.

끝으로 한 번 더 당부하고 싶은 것은 영어를 읽고 말할 때 반드시 강약의 리듬을 맞추어서 읽고 말하도록 연습해주기 바란다.

이 책을 만드는 데는 나의 세 딸의 도움이 컸다. 세 딸 모두 빅토리아 대학교를 졸업하였다.

첫째 딸은 빅토리아 대학교 및 동 대학원을 나와 지금 외대어학원 철산분원에서 교수부장으로 일하고 있으며, 둘째 딸은 영국 런던에서 컴퓨터 프로그래머로 일하고 있으며, 셋째 딸은 호주 멜버른에서 트래블 컨설턴트로 일하고 있다.

이 세 딸들이 각각 현지에서 교정을 도와 주었다. 우리 네 부녀는 아버지와 딸이라는 인연에다, 모두 같은 대학교를 졸업한 동창이라는 보기 드문 또 하나의 인연을 맺고 있다.

이 책을 감수해 준 내 친구이며 전직 영어교사인 카렌다 씨, 이 글을 쓰는 데 뒷바라지를 해준 아내에게 고마운 마음을 전한다.

또한, 이 책이 나오기까지 애써 주신 가림Let's의 강선희 사장님, 모든 직원 여러분께 감사를 드린다.

2001년 12월
김승엽

CONTENTS

CONTENTS

ㄴ

ㄷ, ㄹ

CONTENTS

ㅅ

CONTENTS

ㅈ

ㅊ

ㅋ, ㅌ, ㅍ

CONTENTS

일러두기

1. 영국 영어(British English)는 (영), 미국 영어(American English)는 (미)로 표기했다. (호), (뉴)라고 한 것에는 (호)는 호주, (뉴)는 뉴질랜드를 뜻한다.

2. 정확한 발음을 위해서 주된 단어에는 발음기호를 표기했다. 발음기호에 있는 〔 ｜ 〕에서 앞의 것은 미국식 발음기호이며, 뒤의 것은 영국식 발음기호이다.

3. (영), (미)의 구분 등은 반드시 그런 것이 아니라 주로 그렇다는 것이다.

(영)이라고 해도 잉글랜드, 스코틀랜드, 웨일스, 북아일랜드, 아일랜드 공화국, 남아프리카, 호주, 뉴질랜드 등의 각 나라에 따라 세분화할 수 있으나, 대체적으로 (영)과 (미)로 크게 구분을 했다.

4. 이 책에서는 영국 영어를 위주로 하여 철자표기를 하였다.

영어의 전파

영어를 처음으로 사용하기 시작한 지방은 영국과 스코틀랜드의 남동부였다. 그후 18~19세기에 영국의 서부로부터 아일랜드의 남부에 널리 퍼졌으며, 여기서 17~18세기에 북미대륙으로 전해졌다. 그래서 지금도 북미 영어와 아일랜드 영어와 영국 서부의 영어 사이에는 닮은 점이 많다.

17세기에는 스코틀랜드에서 아일랜드 북부로 전해져서 아일랜드 북부 영어와 스코틀랜드 북부 영어가 닮은 점이 많다. 18~19세기에는 주로 영국의 남동부로부터 남아프리카, 호주, 뉴질랜드로 영어가 전해졌다. 그래서 이 네 지역의 영어는 비슷한 점이 많다. 또한, 그때 웨일스에도 영어가 널리 보급되었다. 물론 각 나라나 지역에 따라서 영어가 다르게 변한 점도 있으나, 대체적으로 영국과 그 주변 국가와 영국의 영향을 많이 받은 남아프리카, 호주, 뉴질랜드에서 사용되는 영국 영어와 북미 대륙으로 건너가서 미국의 영향을 많이 받게 된 미국 영어로 크게 나누어지게 되었다.

영국 영어와 미국 영어의 다른 점은 주로 발음의 차이, 문법의 차이, 표현의 차이, 철자의 차이, 단어(어휘)의 차이이다. 그러므로 이런 차이를 아는 것이 영어를 배우는 데 도움이 된다.

특히, 영국 영어의 표준발음인 RP(Received Pronunciation : 표준발음)는 영국의 남동부에 그 기원을 두며, 지금은 영국의 중상류층 사회와 학교 교육 및 BBC 방송 등에서 사용하고 있으며, 영연방에 널리 퍼진 표준발음에 속하는 발음이다. 미국 영어의 표준발음은 미국, 캐나다 등의 지식층들이 사용하고 있는 North American English의 발음으로 중남미에도 많이 퍼져 있다.

이 표준발음도 각 나라와 지역에 따라서 다소 다르다. 그러므로 일반적인 생활 영어를 배우는 사람들은 그 사실을 염두에 두고 각 표준발음을 배우도록 노력해야 할 것이다.

또 두 가지 영어를 다 못 하더라도, 어느 한쪽만이 정통이라는 생각을 버리고 영어를 배워야 할 것이다.

Motive & Purpose

동기

 내가 뉴질랜드로 이민을 가서 어느 교민 가정을 방문했을 때의 일이었다. 중학생으로 보이는 그 집 딸이 자기 아버지를 보고 "우리 아빠 골프해, 얼굴 깜깜해." 라고 하는 말을 들었다. 그리고 그 뜻을 알고나서 웃었던 기억이 있다. 아마도 그 여학생은 어려서 이민을 가서 영어는 잘하지만 한국말은 서툰 것 같았다.

 언어는 본래 사람이 자신의 뜻을 다른 사람에게 전달하기 위한 매체로서 만들고 발전시킨 것이며, 여기서 현대의 다양한 언어가 생겨난 것이다.

 이 여학생의 표현은 언어의 본래 목적은 이루었지만, 올바른 언어 표현은 아니다. 그래서 우리는 각 언어를 정확하고 바르게 배우려고 하는 것이다.

 만약 이 여학생이 이 말을 영어로 표현했다면, 다음과 같았을 것이다.

 "My father's face is dark because he often plays golf." 또는 "My Dad's face became darker than usual because he often plays golf in the sun."

 영어의 'dark'에는 '어두운, 캄캄(깜깜)한, 피부가 거무스레한' 등의 뜻이 있다. 이 여학생은 얼굴이 햇볕에 검게 탄 것을 영어로는 'dark'라고 바르게 표현했지만, 우리말로는 'dark'를 '깜깜한', '어두운' 정도로밖에 표현할 실력이 없었기 때문에 '얼굴 깜깜해'라고 표현했을 것이다.

 "우리 아빠 골프해, 얼굴 깜깜해."를 한국에 있는 한국학생이라면, "우리 아빠(아버지)는 골프를 자주 치셔서, 얼굴이 햇볕에 검게 탔습니다."라고 말했을 것이다. 이것이 '참한국말'인 것이다.

 바꾸어 말하면, 한국 사람이 외국에서, 외국인과의 대화에서 "얼굴 깜깜해." 같은 잘못된 영어를 지금도 수없이 하고 있는 것이다. 그래서 나는 20여 년 간의 이민생활에서, 그리고 현지 대학에서 공부하면서 보고, 듣고, 느끼고, 배운 것을 토대로 비영어권 사람들이, 특히 한국 사람들이 '참영어'를 말하고 쓸 수 있도록 해보자는 생각에 이 책을 쓰게 되었다.

목적

1 한국의 보통 사람들이 해외에서 생활하게 되거나, 해외여행을 하게 되었을 때, 또는 국내에서 영어로 말하거나 쓸 기회가 생겼을 때 한마디를 말하고 쓰더라도, '얼굴 깜깜해' 와 같은 식의 영어가 아닌 '참영어' 를 해보자는 것이다.

'참영어' 란 영어로 말하거나 쓸 때 그 내용에 맞는 단어를 골라 사용하는 것이다. 한국말 한 단어에 해당되는 영어 단어는 여러 개가 있을 수 있다. 이런 말에는 이 단어를, 저런 말에는 저 단어를 맞게 골라서 사용해야 한다. 그렇지 않으면 '얼굴 깜깜해' 와 같은 식의 영어가 되는 것이다. 이 표현은 뜻은 통할지 몰라도 '참영어' 는 아닌 것이다.

예를 들면, 한국말의 '바꾸다' 에 해당되는 영어 단어로는 'alter', 'change', 'convert', 'transform', 'swap', 'turn into' 등 여러 개가 있다. 한국말로 똑같은 뜻의 '바꾸다' 란 말이라도, 영어에서는 그 말의 내용에 따라서 거기에 적절한 단어를 골라서 사용할 줄 알아야 한다.

(예) 일반적으로 '바꾸다' 에는 'change' 를 많이 쓴다.

I changed my opinion.   나는 내 의견을 바꿨다.

I changed seats with him.   나는 그와 자리를 바꿨다.

I changed won into dollars.   나는 원화를 달러로 바꿨다.

He changed trains for Seoul.   그는 서울행 기차로 바꿔 탔다(갈아 탔다).

그러나 '집 모양 등을 (부분적으로) 바꾸다' 에는 'alter' 를 쓴다.

He altered his house into a store.   그는 집을 가게로 바꿨다(개조했다).

He converted the garage into a room.   그는 차고를 방으로 바꿨다(개조하여 용도를 변경하다).

'종교를 바꾸다' 에는 'convert' 를 쓴다.

He converted to Catholicism last year. 그는 작년에 카톨릭으로 바꿨다 (개종했다).

'물건과 물건을 바꾸다', '사람을 바꾸다'에는 'swap' 또는 'exchange'를 쓴다.

He swapped a sweater for a jacket. 그는 스웨터를 재킷으로 바꿨다 (물물교환했다).

'모양을 바꾸다'에는 'transform'을 쓴다.

A tadpole is transformed into a frog. 올챙이는 개구리로 바뀐다(변한다).

'모양이나 성질을 바꾸다'에는 'turn into'를 사용한다.

The rain turned into snow. 비가 눈으로 바뀌었다(변했다).

그러나 이런 경우들에 모두 'change'를 썼다고 해서, 뜻이 안 통하는 것은 아니다. 다만, '얼굴 깜깜해'식 영어가 된다는 말이다.

또한, '참영어'란 한 단어가 가진 여러 가지 뜻을 경우에 맞게 바르게 사용하는 것이다.

예를 들면, 'go'의 경우 'He goes to Seoul.' 하면 '그는 서울에 간다.'이며, 'He goes on television to make a speech.'라 하면 '그는 연설하러 텔레비전에 출연한다.'이며, 'His eyes are going.'이라 하면 '그의 시력이 나빠져 간다.'는 뜻이다.

2 영국 영어(British English)에 관심을 갖자는 것이다. 그리고 미국 영어 (American English)와 영국 영어의 차이점을 알아서 지역에 따라서 올바르게 영어를 사용하자는 것이다. 해방 이후 한국은 영어교육을 비롯해서 여러 방면에서 미국과 매우 깊은 유대관계를 맺고 있기 때문에 영어도 미국 영어가 사용되고 있는 것이 현실이다. 그러나 지금은 세계화시대이다. 가는 곳도, 만나는 사람도 다양하다. 영어만 해도 미국 영어뿐만 아니라, 영국을 비롯해서 영연방 국가들과 여러 유럽 국가에서 사용되고 있는 영국 영어를 접하게 된다. 지금 영국 영어권 나라들이 세계 도처에 존재하고 있으며, 영연방에 가입되어 있는 나라만 해도 53개국이다. 또한 그 인구는 12억 명을 넘고 있다. 따라서 세계 인구

의 4명당 1명은 영국 영어권 사람들이며, 이들은 영국 영어를 사용하고 있다.

이제는 한국 사람들도 영국 영어와 미국 영어의 차이점에 관심을 갖고 이를 터득해서 보다 수준 높은 참영어를 구사하도록 해야 할 것이다.

지금 한국의 외국어학원에는 많은 외국인 강사들이 있다. 이 강사들은 주로 미국이나 캐나다에서 온 사람들인 것 같다. 어느 외국어학원에 뉴질랜드에서 온 강사가 있었는데, 한 번은 어느 학부모에게서 학원으로 항의 전화가 왔다. 그 강사가 학생들에게 틀린 발음을 가르치고 있다는 것이었다. 예를 들면, 'octopus(문어)'를 '악터퍼스'라 발음하지 않고, '옥터퍼스'라고 발음했다는 것이다. 다시 말해서 정통 영어 발음을 하지 않는다는 것이었다. 여기에 대해서, 학원측에서 다음과 같이 해명을 했다고 한다. '옥터퍼스'는 영국 영어식 발음이며, '악터퍼스'는 미국 영어식 발음이다. 따라서 이는 어느 것이 틀리고 어느 것이 맞는 OX식 문제가 아니다.

정통 영어라는 측면에서 보면, 영국 영어가 그 뿌리이며, 그것이 지역에 따라서 다소 변천된 것이다. 한국에는 미국 영어가 뿌리 깊게 퍼져 있기 때문에 미국 영어를 정통 영어라고 생각하는 사람들이 많은 것 같다.

이제 곧 2002년 월드컵 축구경기가 한국에서 치루어진다. 그때는 많은 영국 영어권 사람들이 한국을 방문해서 영국 영어를 사용할 것이다. 그런데 그들을 보고 틀린 영어를 하고 있다고 말해서야 되겠는가. 이제 우리도 미국 영어 발음을 흉내 잘 내는 것이 영어를 잘하는 것이라고 생각하는 미국화 영어에서 벗어나서 영어의 안목을 넓혀야 할 것이다.

그렇다고 해서 미국 영어와 영국 영어가 크게 다른 것은 아니다. 뿌리는 같지만, 지역이 다르고 시대가 바뀜에 따라 다소 달라졌다는 것이다. 특히 크게 다른 점이 있다면 발음의 차이, 철자의 차이, 사용하는 단어의 차이, 문법의 차이 등이다. 그러므로 이런 것에 대한 이해를 높여야 된다는 것이다.

싱가포르 공항에 가보면, 승강기를 'elevator'라 하지 않고, 'lift'라고 한다. 왜냐하면, 싱가포르는 영국 영어권 나라이기 때문이다.

Content & Character

이 책은 '참영어'를 중점적으로 다룬 책이다.

말을 하거나 글을 쓰려면 우선 단어를 알아야 한다. 사용하려는 단어의 뜻을 잘 알고 나서 그것을 적절하게 사용해야 한다. 이 책은 영어권 나라에서 일상생활에서 자주 사용하는 단어 약 500개(Victoria Uni.의 Vocabulary List를 참조)를 기본으로 하여 여러 가지 다른 표현을 하는 예문 약 2,000개를 예시했다는 특징을 가지고 있다. '참영어'로 만들어진 이 예문들을 익히게 되면 독자 여러분들의 영어실력은 놀라운 수준에 도달할 것이다. 또한 문장 속에 문법이 있기 때문에 어려운 영문법 등을 따로 공부하지 않고도 예문을 이해하고 익히면 자연스럽게 이해될 것이다.

예문은 아주 쉬운 것부터 제시했다. 또한 쉬운 한 가지 예문으로 끝나는 것이 아니라 그 다음에 있는 예문과 관련되어 이런 경우에는 이런 뜻으로 저런 경우에는 저런 뜻으로 사용되는 예도 보여 주고 있다. 그러니 쉽다고 그냥 넘기지 말고 그 뜻을 다음의 예문과 비교를 하면서 그 뜻과 표현을 완전히 익히기 바란다. 그렇다고 꼭 외우라는 말이 아니다.

이 책의 또다른 특징은 영국 영어와 미국 영어의 차이를 (영), (미)로 표시하였으며, 발췌된 단어에는 미국발음과 영국발음을 함께 넣어서 발음에 참고가 되게 하였고, 이렇게 함으로써 영국 영어와 미국 영어에 대한 이해를 높여 '참영어'를 구사하는 데 도움이 되게 하였다.

그러면 '참영어'를 어떻게 배워야 하는가?
나는 이렇게 말하고 싶다.
"영어 배우기는 골프 연습하듯이 해라!"
우리가 어떤 일을 하다 보면, "감을 잡았다!", "감을 느꼈다!" 라고 하면서 무릎을 '탁' 칠 때가 있다. 이 말의 속뜻은 어떤 일을 잘해 나갈 수 있는 요령이나 방법을 터득했다는 것이다.

내가 YTN의 초대석이란 프로를 봤더니 한국의 골프 인구가 1,200만 명을 넘어섰다고 한다.

골프를 처음 시작하는 사람은 책을 보고 스스로 공부도 하고 교습도 받고, 그 배운 것을 연습하기 위해서 골프연습장에 가서 거의 매일 200~300개의 공을 때린다. 그렇게 계속 연습을 하다 보면 어느 날 스윙에 대하여 '감을 잡았다!'는 느낌을 갖게 된다. 그 감을 유지하면서 연습장이나 필드에서 계속 연습을 하게 되면 머지않아서 그 골퍼는 핸디캡 18 정도의 보기 플레이어가 될 수 있으며, 핸디캡 1~9의 싱글 플레이어도 될 수 있을 것이다. 보기 플레이어를 애버리지 플레이어(Average player) 또는 소시얼 플레이어(Social player)라고 하는데, 이 정도의 실력이 되면 일반적인 사교나 친선 경기를 하는데 손색이 없게 되는 것이다. 이렇게 되기까지는 매일 200~300개의 공을 때리는 연습이 필요한 것이다.

영어 배우기도 이와 비슷하다. 이 책에는 2,000여 개의 예문이 들어 있다. 이 예문을 공이라 생각하고, 이 책을 골프채라고 생각하라! 이 골프채(이 책)로 매일 수십, 수백 개의 공(예문)을 때려 보라. 바른 발음으로 반복해서 읽어 보라! 그러면 어느 날 영어에 대한 '감'을 잡게 될 것이다. 이 '감'을 살려서 계속 연습을 하다 보면, 당신은 곧 영어에 있어서 보기 플레이어가 될 수 있을 것이며, 싱글 플레이어도 될 수 있을 것이다. 그렇게 되면, 당신은 어디를 가든, 누구를 만나든 영어를 손쉽게 할 수 있게 될 것이다. 이런 끊임없는 연습 없이는 영어를 배우기란 매우 어려운 일이다.

반복해서 읽어라! 그래서 감을 잡아라! 그러면 영어의 문이 열릴 것이다.

'감을 잡는다'고 하니 생각나는 일이 있다.

1990년대 초 한국 농구의 간판스타였던 이충희 선수는 한 인터뷰에서 외국의 유명한 선수들의 3점 슛 적중률은 50% 정도밖에 안 되었는데, 자신의 3점 슛 적중률은 60%이었다고 말한 적이 있다. 이때 기자가 그 비결을 이충희 선수에게 물었더니, "그것을 어떻게 설명할 수는 없고, 하루에 1000개 정도의 3점 슛을 계속 연습하였더니 감이 잡혔다."고 대답을 했다. 이처럼 '감' 은 반복 연습에서 오는 것이다.

  이 책을 전사(전쟁 이야기)에 비유한다면, 이 책은 평화시의 후방의 병사가 쓴 책이 아니라, 총탄이 빗발치는 동부전선·서부전선에서 실전을 경험한 노병이 쓴 책이다. 따라서 책장에 꽂혀 방안을 장식하는 책이 아니라, 항상 독자 여러분의 손닿는 곳에 두고 보고 또 보며 공부하여야 하는 책이다.
  끝으로 이 책은 '참영어' 를 배우겠다는 사람, 무역업에 종사하는 사람, 관광 안내업에 종사하는 사람, 영어권 나라로 이민을 가려는 사람들에게 많은 도움을 줄 것이다.

가게 (영) shop [ʃàp]이라고 한다(큰 가게는 store라고 한다).

(미) store [stɔ̀ːr]라고 한다(작은 가게는 shop이라고도 한다).

- 가게주인 : (영) a shop keeper (미) a store keeper
- a dairy : 식품점. 원래는 유제품류를 파는 가게였으나, 지금은 식품 및 잡화를 판다. 이와 비슷한 가게를 영국에서는 'corner shop', 호주에서는 'milkbar', 미국에서는 'deli(delicatessen)'라고도 한다.

* 가게의 문을 열다 ↔ 닫다

- The hardware shop hasn't opened yet.

  철물점은 아직 문을 열지 않았다.

- The chemist is open Monday to Saturday from 10a.m. to 6p.m..

  약국은 월요일부터 토요일까지 오전 10시부터 오후 6시까지 문을 연다.

  ※ (미)에서는 'Monday through Saturday'로 쓴다.

- The bakery was closed already. 빵 가게는 이미 문을 닫았다.

가능한, 할 수 있는
possible [pásəbl | pɔ́səbl]

- If it is possible to walk to work, you don't need a car.

  만약에 걸어서 직장에 갈 수 있다면, 당신은 차가 필요 없다.

- Please repair our garage door as soon as possible.

  우리 차고 문을 가능한 한 빨리 고쳐 주십시오.

- I hope that you learn English as much as possible in this institute.

  나는 네가 이 학원에서 가능한 한 많이 영어를 배웠으면 좋겠다.

- She is doing the best cooking possible.

  그녀는 그녀가 할 수 있는 최고의 솜씨로 요리를 만들고 있다.

가다, 오다

go, come : 한국말의 '가다', '오다' 와 뜻이 다른 경우가 있다
go 〔일반적인 '가다' 의 경우(자기가 있는 곳을 중심으로 하여 어느 쪽으로 이동하는 것)〕, be, have been 등을 사용한다

- He goes to Seoul.   그는 서울에 간다.

- Where have you been?   어디에 갔다 왔습니까?

- I have been to the library.   나는 도서관에 갔다 왔습니다.

- Have you ever been to Korea?   한국에 가본 적이 있습니까?

- I will be on the air, live, at 8 o'clock tonight.

  나는 오늘 저녁 8시에 생방송에 출연한다.

- How long will you be gone?   얼마나 있다가 옵니까?

* ~하러 가다

- I will go to bed soon.   나는 곧 잠자러 갈 것이다.

- She goes for a walk.(drive/swim.)

  그녀는 산보를 간다.

  (드라이브 간다/수영하러 간다.)

- She went shopping.(fishing/swimming.)

그녀는 쇼핑 갔다.

(낚시하러 갔다 / 수영하러 갔다.)

- My daughter goes to school.(church/market.)

내 딸은 공부하러 학교에 다닌다.

(예배 보러 교회에 간다 / 시장 보러 장에 간다.)

* 약해지다, 없어지다

- Grandpa's eyesight is beginning to go.

할아버지의 시력이 점점 나빠진다.

- The power has gone off.   전기가 나갔다.

- The light has gone out.   전깃불이 나갔다.

- The patient has gone peacefully this morning.

그 환자는 오늘 아침에 죽었다.

* 올라가다, 내려가다, 지다(굴복하다)

- My income went down, so I have to work overtime.

내 수입이 줄어서 잔업을 해야 한다.

- The crime rate has gone down 10 percent.

범죄율이 10퍼센트 내려갔다(줄었다).

- They went down 1-0 to Korea.   그들은 한국에 1-0으로 졌다.

- The jet fighter went down during the air show.

전투기는 에어 쇼 도중에 추락했다.

- The boat went down in the high seas.

배는 큰 파도 속에 침몰했다.

- Food prices have gone up 5 percent since last March.

식품값이 지난 3월 이후 5퍼센트 올랐다.

* 놀러가다, 함께 지나다(go away ~, go out ~)

- Why don't you go away with her this weekend?

이번 주말에 그녀와 함께 왜 나들이(주말 여행)를 안 갑니까?

- I am going out tonight.   나는 오늘 저녁에 놀러 나간다.

- I once went out with a Chinese girl.

  나는 중국 여자와 사귄 적이 있다.

- They have only been going out for a week.

  그들은 사귄 지 겨우 일 주일이 되었다.

* 다른 경우의 가다, 오다

- Most of my money goes on horse racing.

  내 수입의 대부분을 경마에 쓴다.

- She had made some errors, so she had to go.

  그녀는 잘못을 저질렀기 때문에 그 자리를 떠나야 했다.

- When we arrived at the beach, the tide was going out.

  우리가 해변에 도착했을 때, 썰물이었다.

come : 일반적인 '오다'의 경우(어떤 사람이나 지점을 중심으로 그쪽으로 이동하는 것)

- Come here, Tom. 톰, 이리 와.

- Come on. 이리 오시오. (재촉) 자아!(해봐라!)

- I will come to see you. 당신을 만나러 가겠습니다.

- May I come to your office? 당신의 사무실로 가도 되겠습니까?

- I am coming in a minute. 곧 가겠습니다.

- Will you come to the party tonight? 오늘 저녁에 파티에 오시겠습니까?

* ~이 오다, ~이 나오다, ~이 되다

- Here comes our bus! 야! 우리가 탈 버스가 온다.

- The train bound for Seoul is coming in now.

  서울 가는 기차가 지금 들어오고 있다.

- Her dream may be coming true. 그녀의 꿈이 실현될지도 모른다.

- The magazine comes out next week. 잡지는 다음주에 나온다(발간된다).

- The summer holidays are just around the corner. 이제 곧 여름휴가다.

- The rainy season came to an end. 장마철이 끝났다.

- The suit comes in blue and black only.

그 양복은 청색과 검정색만 나온다.(만들어져 나온다)
- How did you come to meet him?

  당신은 어떻게 그를 만나게 되었습니까?
- How did you come to know it?

  당신은 어떻게 그것을 알게 되었습니까?
- Your turn has come.   네 차례가 왔다.

가득 채우다, 적어 넣다, 메우다
fill [fil]

- I will fill a glass with coke.   나는 잔에 콜라를 가득 채우겠다.
- Her eyes filled with tears.   그녀의 눈에 눈물이 가득 고였다.
- May I fill up your cup with coffee?

  잔에 커피를 가득 채워 드릴까요?
- Fill (it) up, please!   (주유소에서 기름을 넣을 때) 가득 채워 주십시오!
- If you want a job, you have to fill in this application form.

  일자리를 원하면, 이 신청서를 적어서 내야 합니다.

가로 건너(가로질러서), 저쪽에
across [əkrɔ́:s]

- She walked across the park.   그녀는 공원을 가로질러 걸었다.
- He walked across to the gate.   그는 가로질러 대문 쪽으로 갔다.
- The houses across the road were built in the early 70's.

  길 건너에 있는 집들은 70년대 초에 지어졌다.
- A smile spread across her face.   그녀의 얼굴에 미소가 가득 했다.
- The prime minister promised across-the-board educational reform

  if re-elected.

  수상은 재선된다면, 전면적인 교육개혁을 단행할 것을 약속했다.

가리키다, 나타내다

indicate [índəkèit] : 가리키다, 나타내다

- The arrow on the sign indicates the way to go to Incheon.

  표지판의 화살표는 인천 가는 길을 가리킨다.

- The needle of the scale indicates your weight.

  체중계의 바늘은 체중을 나타낸다.

  체중을 달다 : weigh myself

  체중이 늘다(줄다) : gain(lose) weight

  체중이 얼마입니까?

  – What's your weight? / How much do you weigh?

  나는 키에 비해서 체중이 더 나간다.

  – I'm overweight for my height.

가을 : (영) autumn [ɔ́:təm]이라 하고, (미) fall [fɔ́:l]이라 한다
(계절 앞에는 'the'를 붙이지 않음)

가장 우선하는, 가장 중요한 : **priority [praiɔ́(:)rəti]**

- The government's priority is to reduce unemployment.

  정부의 가장 우선하는 과제는 실업자를 줄이는 것이다.

- Buying a home is his priority.   집을 사는 것이 그의 최우선 목표이다.

- The traffic police gave priority to the ambulance to pass the check
  point.

  교통경찰은 구급차를 우선적으로 검문소를 통과시켰다.

가정하다, 추측하다, 기대하다

suppose [səpóuz] : 가정하다, 상상하다, 추측하다, 일어날지도
모르는 가능한 경우를 말하는 것

- Suppose you can't come, who will look after the patient?

만약에 당신이 못 오면, 누가 그 환자를 돌보겠는가?

- Suppose you found a large amount of money in the street, what would you do with it first?

만약에 길에서 큰돈을 발견했다면, 당신은 먼저 무엇부터 할 것입니까?

- He supposes that I am rich.   그는 나를 부자로 알고 있다.

- Do you suppose she was telling a lie?

그녀가 거짓말을 하고 있었다고 생각합니까?

be supposed to (do) : 계획했거나 의도했던 일이 실제로 일어나지 않았을 경우

- The meeting is supposed to have been held today.

오늘 회의가 열리기로 되어 있다. (그런데 아직 안 열렸다.)

- She was supposed to go back to Seoul yesterday.

그녀는 어제 서울로 돌아가기로 되어 있었다.

- He was supposed to have got on the last train home.

그는 마지막 기차를 타고 집으로 가기로 되어 있었는데, 그 차를 놓쳤다.

- The first meeting was supposed to have been held on Monday.

첫 회의는 월요일에 개최되기로 되어 있었다. (그러나 못 했다.)

가지각색의, 여러 가지의
variety [vəráiəti] , all sorts of, diverse [divə́:rs]

- She enjoys variety in her life style.

그녀는 다양한 삶을 즐긴다.

- As far as I know, this is the only shop in this village that has so much variety.

내가 아는 한, 이 마을에서 그런 다양한 상품을 취급하는 상점은 이 상점뿐이다.

- Seoul has a variety of good shops and restaurants.

서울에는 좋은 상점들과 식당들이 다양하게 있다.

- She has various flowers in her garden.

그녀의 정원에는 가지각색의 꽃들이 있다.

- The public library is used by all sorts of citizens.

  공공 도서관은 각계 각층의 시민들이 사용하고 있다.

- The shop sells a diverse range of clothes.

  그 가게는 가지각색의 옷을 팔고 있다.

- The school activities are now much more diverse than ever before.

  학교 활동은 전보다는 많이 다양해졌다.

가지다, 얻다

have, get은 사용범위가 넓으므로 여러 가지로 응용하기 바란다. 또한 have나 get이 '가지다, 얻다' 로 사용될 때는 'have/get + 명사' 를 사용하면 된다.

- What do you have in your pocket?

  당신 호주머니에는 무엇이 있습니까?

- His farm has a large stock of sheep and cattle.

  그의 농장에는 양과 소가 많이 있다.

- She has a good memory.   그녀는 기억력이 좋다.

- She has no job and no money to raise her baby.

  그녀는 직업도 없고 돈도 없어서 아기를 키울 수 없다.

- The girl has plenty of homework to do.

  소녀는 해야 될 숙제가 많다.

- Tom has a new sports car.

  톰은 새 스포츠카(보통 차체가 낮은 2인석 스포츠카)를 갖고 있다.

- I have some important calls to make right away.

  나는 급히 걸어야 할 중요한 전화가 몇 통화 있다.

- His house has a good sea view.   그의 집은 바다전망이 좋다.

- She has it in her to play the violin well.

  그녀는 바이올린을 잘 켤 재능이 있다.

have it in someone : ～에게 가능성과 기술이 있다.

※ (영)에서는 'have' 뒤에 'got' 을 종종 사용한다.

- I haven't got enough money.　나는 돈을 충분히 갖고 있지 않다.

- I have got a jacket just like yours.

　나는 당신 것과 똑같은 웃옷을 갖고 있다.

- She hasn't got a drivers licence.　그녀는 운전 면허가 없다.

- Have you got any ideas?　당신은 좋은 생각이 있습니까?

- Have you got any identification?　당신은 신분증을 갖고 있습니까?

* '얻다' 와 비슷한 뜻으로 사용될 때

- Did you get that joke?　당신은 그 농담을 알아들었습니까?

- You don't seem to get the point.

　당신은 요점을 잘 모르는 것 같습니다.

- What do you get if you multiply five by seven?

　5×7은 얼마가 됩니까?

- I wonder if I can get her by telephone.

　나는 그녀와 전화 연락을 할 수 있을지 모르겠다.

- I have a headache.　나는 두통이 있다.

- I had my money stolen on the bus.　나는 버스에서 돈을 잃었다.

- You can have coffee for free.　당신은 커피를 공짜로 마셔도 됩니다.

- Can I have your name, please?　성함이 어떻게 되시죠?

- My sister has just had a baby girl.　내 여동생은 막 딸을 낳았다.

- His wife is having another baby.

　그의 부인은 아기를 또 갖고 있다(임신중이다).

- He got on with his travel business.

　그는 그의 여행업을 계속해 나갔다.

- Do you get on with your Korean friends?

　한국 친구들과 사이좋게 지내고 있니?

(손에) 가지다, 가져가다

take [teik] : 쥐고 있다, 갖고 있다, 가지다

- He takes a book in his hand.   그는 손에 책을 갖고 있다.

- She took me by the hand.   그녀는 내 손을 쥐었다.

- She took the first prize at the computer game.

  그녀는 컴퓨터 게임에서 일등을 차지했다.

- She took the gold medal in the women's 1500meter.

  그녀는 여자 1500미터 경기에서 금메달을 땄다.

- You had better take an umbrella with you.

  우산을 갖고 가는 게 좋을 것이다.

- He took her home in his car.

  그는 그녀를 그의 차로 집까지 바래다 주었다.

- You should take your driver's licence with you when driving a car.

  운전할 때는 반드시 운전면허증을 갖고 있어야 합니다.

- The injured boy was taken to hospital.

  그 다친 소년은 병원으로 후송되었다.

- He took letters out of the postbox. 그는 우체통에서 편지를 꺼냈다.

- Burglars broke into her home and took all of her jewellery.

  도둑들이 그녀의 집에 침입해서 그녀의 모든 보석을 훔쳐 갔다.

※ jewellery(영) : (미)에서는 jewelry라고 한다.

- He took the blame for the accident.

  그는 그 사고를 일으킨 데 대하여 비난을 받았다.

- She had taken me for my brother.

  그녀는 나를 내 형으로 잘못 봤다.

- I will take a bus home.   나는 버스를 타고 집에 가겠다.

- She took archaeology at university.

  그녀는 대학에서 고고학을 전공했다.

- She will take her driving test next week.

그녀는 다음 주에 운전 면허 시험을 볼 것이다.

- I have never taken sleeping pills.　나는 수면제를 먹어본 일이 없다.
- Do you take milk and sugar with your coffee?

  당신은 커피에 우유와 설탕을 넣습니까?
- May I take your message?　메시지를 남기시겠습니까?
- This assembly hall could take more than 1000 people.

  이 강당에는 1000명을 수용할 수 있다.
- It takes twenty minutes from here to the airport by taxi.

  여기로부터 공항까지는 택시로 20분 걸린다.

가치

value [vǽljuː] : 돈으로 얼마나 되는가 하는 가치, 가치 있는, 귀중한

- The valuer valued the jewel at ten thousand dollars.

  감정사는 그 보석이 10,000달러의 가치가 있다고 감정했다.
- The experience is very valuable.　경험은 대단히 값진 것이다.
- She has many valuable antiques.

  그녀는 값진 골동품을 많이 갖고 있다.
- Leave your valuables at the front desk.

  귀중품은 프론트에 맡기십시오.

※ 감정사 : (영) a valuer (미) an appraiser

worth [wəːrθ] : 특정한 금액의, (팔면)얼마 만큼의 값어치의, ~의 값만큼의 분량

- This pack is ten dollars' worth of meat.

  이 꾸러미는 10달러치의 고기입니다.
- I bought five dollars' worth of apples.　나는 사과 5달러치를 샀다.
- This picture is worth 1,000 dollars.　이 그림은 1,000달러짜리입니다.
- This book is worth reading.　이 책은 읽을 만한 가치가 있다.

- The war museum is worth visiting.   전쟁 기념관은 가 볼 만하다.

간단한, 간소한, 쉬운
simple [símpl]

- The contents of this book are very simple and easy to understand.

  이 책의 내용은 아주 간단해서 이해하기 쉽다.

- You need to state the reason why you are applying for the student loan simply and clearly.

  당신은 학생융자를 신청하는 이유를 간단하고 명확하게 써야 한다.

- The theory of golf is simple but its practice is complex.

  골프의 이론은 간단하지만 실기는 복잡하다.

- My granny is simple, as is my granddaughter.

  나의 할머니는 내 손녀처럼 단순하다.

감동시키다
move [muːv] / touch [tʌtʃ] : 감동시키다, ~의 마음을 움직이다

- The war orphan's story moved me to tears.

  그 전쟁 고아의 이야기는 감동의 눈물을 흘리게 했다.

- Her singing moved us deeply.   그녀의 노래는 우리를 감동시켰다.

- I was moved by her words.   나는 그녀의 이야기에 감동되었다.

- This film is a touching story of a war widow.

  이 영화는 전쟁 미망인의 감동어린 이야기에 관한 것이다.

감사, 감사하다, ~에게 사례하다
thank [θæŋk] : 자기에게 베풀어준 어떤 행위나 물건에 대해 감사할 때 사용

- Thank you very much for your help.

도와 주셔서 대단히 감사합니다.

- I thanked her for her kind service.

  나는 그녀의 친절한 봉사에 감사했다.

- Thanks for the lift.

  차를 태워 주셔서 감사합니다.

직접 대화를 하면서 자기에게 베풀어진 어떤 행위나 물건에 대한 감사 표시를 할 때는,

- Thank you. / Thanks. / Thank you so much. / Thanks a lot.
- It's lovely. / That's wonderful. / That's great.

거절할 때는,

- No, thanks. / No, thank you.
- Would you like a chocolate?

  초콜릿을 드시겠습니까?

- No, thank you.   감사하지만 사양하겠습니다.

※ (영) ta(taː) : '고맙습니다' 라는 구어로서 '젊은이들이' 흔히 사용하고 있다.

(영) Cheers : 고맙소!(구어)

감정의 표시

〈 놀람이나 흥미를 나타낼 때 〉

- Really!　　　정말!
- What!　　　뭐라고!
- My goodness!　저런!

〈 부정적인 의미 〉

- You are joking.　　　농담이겠지.
- You are kidding.　　　농담하는 거지.
- Are you pulling my leg? 농담하는 거야?

〈 기쁨을 나타낼 때 〉

- Oh, that's great!　　　와, 굉장하군!

- How wonderful! / How lovely! / How nice!　　　정말 멋지군!

〈 실망이나 비탄, 슬픔을 나타낼 때 〉

- Oh, dear!　　　어어, 야 참, 저런!

- That's a shame!　이게 무슨 창피인가!, 너무 심하군!, 유감이군!

- That's too bad!　정말 안되었군!

- Oh, no!　　　실망이나 슬픔이 너무 클 때

　(J.F. Kennedy가 암살 당했을 때, Jacqueline이 외친 첫마디)

〈 동정을 나타낼 때 〉

- Oh, dear!　　　　저런!

- Oh, bad luck!　　　운이 나쁘군! 안되었군!

- Oh, I'm so sorry!　　　정말 유감이군!

강박감, 이상심리
complex [kámpleks | kɔ́mpleks]

- She has a complex about her looks.

　그녀는 자기의 외모에 대하여 강박감을 갖고 있다.

- He has complex about his intellect.

　그는 자기의 지능에 대해서 강박감을 갖고 있다.

강한, 힘이 센
strong [strɔ(ː)ŋ]

- I am strong enough to carry a bag of rice.

　나는 쌀 한 가마니를 나를 수 있는 충분한 힘이 있다.

- He always carries out his work with strong confidence.

　그는 항상 강한 자신감으로 그의 일을 수행한다.

- The fireplace was very strongly built with strong firebricks.

벽난로는 강한 내화벽돌로 튼튼하게 만들어졌다.

- There was a strong wind blowing last night.

  지난 밤에 강한 바람이 불었다.

- We still have strong family tradition in Korea.

  한국에는 아직도 강한 가풍이 있다.

- She was strongly influenced by her mother.

  그녀는 어머니로부터 강하게 영향을 받았다.

- If I drink strong coffee at night, it causes sleeplessness.

  나는 밤에 진한 커피를 마시면, 잠이 잘 오지 않는다.

개의치 않는다, 귀찮게 여기지 않는다
don't mind

- I don't mind what they say.

  그들이 무엇이라 하더라도 나는 개의치 않는다.

- I don't mind being alone.   나 혼자 있어도 개의치 않는다.

- I don't mind what you cook tonight.

  오늘 저녁에 무엇을 요리하더라도 나는 개의치 않는다.

거의
almost [ɔ́:lmoust] : 완전하지는 않지만 거의 가까운 것
(현재 상태)

- The beggar comes to my shop almost everyday to beg.

  그 거지는 거의 매일 우리 가게에 구걸하러 온다.

- Escape from the camp is almost impossible.

  수용소로부터의 탈출은 거의 불가능하다.

- She is almost dead.   그녀는 거의 죽은 상태이다.

- We have almost finished our crop.

  우리는 추수를 거의 끝마쳤다.

- It almost never rains here.   여기는 거의 비가 오지 않는다.

- He almost succeeded.   그는 거의 성공할 뻔했다.

- They have been living here almost two years.

  그들은 여기에서 거의 2년 동안 살고 있다.

- The flu almost killed the boy.   독감으로 소년은 거의 죽게 되었다.

nearly [níərli] : 간신히, 완전하지 못한 상태(앞으로의 상태)

- He nearly escaped death.   그는 간신히 죽음을 면했다.

- The travel is nearly finished.   여행은 거의 끝나간다.

- I have nearly finished gardening.   나는 정원손질을 거의 끝냈다.

거절하다

refuse [réfjuːs] : ~하지 않겠다는 것을 확실히 말할 때, 주지 않
겠다, 못 갖도록 하다, 제의를 받지 않는다

- I refused to discuss the question.

  나는 그 문제를 논의하기를 거절했다.

- The immigration officer refused her a visa.

  이민성 직원은 그 여인의 비자 발급을 거절했다.

- The accused has the right to refuse to answer.

  피고인은 대답을 거부할 권리가 있다.

decline [dikláin] : 보다 정중하게 거절할 때

- She declined his job offer.

  그녀는 그의 취직 제의를 거절했다.

- He declined to explain.

  그는 해명할 것을 거부했다.

- She offered me a cup of coffee, but I politely declined.

  그녀가 커피 한 잔 하기를 제의했으나, 나는 정중히 사양했다.

reject [ridʒékt] : 제안이나 요구를 받아들이지 않거나 동의하
지 않을 때

- They rejected an offer of help.

  그들은 원조 제안을 거절했다.

- Most people rejected the proposal for a new sewage plan.

  많은 사람들이 새 하수도 계획에 대한 제안을 거부했다.

turn down : 어떤 사람의 제안이나 요구를 거절하다

- His claims were turned down flat.   그의 요구는 단호히 거절당했다.

- I thanked him for the offer but he turned it down.

  나는 그의 제의에 감사했으나, 그것을 거절했다.

- She turned down my proposal.   그녀는 나의 제안을 거절했다.

- The Prime Minister turned down the committee's suggestion.

  수상은 위원회의 제안을 각하했다.

걱정하다, 근심하다
worry [wə́:ri]

- Don't worry, she will come back soon.

  걱정하지 말게. 그녀는 곧 돌아올 것이다.

- There is nothing to worry about, for this place is very safe.

  걱정할 것이 아무것도 없다. 이곳은 매우 안전하다.

- She always has a lot of worries.

  그녀는 항상 근심이 많다.

- I worry about my son who is studying in America.

  나는 미국에서 공부하고 있는 내 아들을 걱정한다.

- The company worries that the union might strike again.

  회사는 노동조합이 다시 파업을 할지도 몰라서 걱정을 하고 있다.

건배 초대, 방문, 파티, 여행 등 일상생활에서 술자리에 어울리는 일이 많다. 이럴 때 자주 '건배'란 말을 사용한다.

- "Cheers!"   "건배!"

- "Drink up!" "쭈욱 마십시다!"(빨리 마시자는 의미)
- (영) "Bottoms up [ʌp]!"   "건배, 단숨에 쭉 들이켜요!"
- (영) "Cheerio [tʃìərióu]!"   (축배를 들 때) "축하합니다. 만세!"
                               (작별을 할 때) "그럼 또 만납시다. 이만
                               실례합니다."

결석, 불참, 부재의, 결강

absent [ǽbsənt] from, skip 등

- He was absent from the meeting.   그는 회의에 불참했다.

일반적인 대화에서는 'not at' 을 많이 쓴다.

- He wasn't at Mary's wedding.   그는 메리의 결혼식에 오지 않았다.
- He is absent from school. / He stayed away from school.
  그는 학교를 결석했다.
- He is often skipping classes.   그는 종종 수업을 빼먹는다.
- He is absent on business.   그는 용무로 부재중이다.
- He is long absent from school.   그는 오랫동안 휴학하고 있다.

leave = permission : 허가, 허락

- He obtained leave of absence for a term.
  그는 한 학기 휴학을 허가 받았다.
- He asked leave of absence for a month.
  그는 한 달간의 휴학을 신청했다.
- He asked leave to go back to Seoul.
  그는 서울로 돌아갈 허가를 청했다.

결정하다

decide [disáid] : 여러 가지 중에서 선택하여 결정하는 것

- She decided to go to America.   그녀는 미국으로 가기로 결정했다.
- He has decided that he will resign this job.

그는 그의 일자리를 그만두기로 결정했다.

- I will decide on my job depending on pay.

나는 봉급액수에 따라서 내 일자리를 결정할 것이다.

determine [ditə́ːrmin] : 결정한 것을 관철하기로 결정하다

- Dad' s letter made me determined to marry her.

  아버지의 편지는 나로 하여금 그녀와 결혼하도록 결정하게 했다.

- She firmly determined to sit for a bursary exam again.

  그녀는 다시 한 번 대학입시에 응시하기로 결정했다.

- We haven' t yet determined how to go there.

  우리는 거기를 어떻게 가야 하는지를 아직 결정하지 않았다.

- She is determined to be a journalist.

  그녀는 신문기자가 되기로 결정했다.

결혼

marriage [mǽridʒ] : 결혼, 결혼생활, 부부관계 등에 사용
get (be) married : 결혼하다

- I got married. 나는 결혼했다.

- She is getting married next week. 그녀는 다음 주에 결혼한다.

- His daughter never wanted to be married.

  그의 딸은 결혼을 원하지 않았다.

- Her mother opposed her marriage to the old man.

  그녀의 어머니는 그 늙은이와의 결혼을 반대했다.

- She invited me to her wedding.

  그녀는 나를 그녀의 결혼식에 초대했다.

※ 결혼식 : wedding

〈 누가 누구와 결혼할 때 〉

- He wants to marry her. 그는 그녀와 결혼하기를 원한다.

- She married Tom. (marry with가 아님) 그녀는 톰과 결혼했다.

〈 누구와 결혼한다고 할 때 〉

　　- His son was married to my daughter.　그의 아들은 내 딸과 결혼했다.

　　- He is married to a Korean girl.　그는 한국 여자와 결혼했다.

〈 결혼식에 주례를 선다고 할 때 〉

　　- The priest has agreed to marry us in the church.

　　신부가 교회에서 우리 결혼식의 주례를 승낙했다.

※ 이를 잘못 해석해서 '신부가 교회에서 우리와 결혼하기를 승낙했다' 고 알아들으면

　　큰일날 일이다.

* 결혼시키다

　　- He married his daughter to the lawyer.

　　그는 딸을 변호사에게 시집보냈다.

　　- Mother is going to marry her daughter to the old man as he is very

　　rich.　그 노인이 대단한 부자이기 때문에 엄마는 딸을 그 늙은 부자에게

　　시집보내려고 한다.

'~와 약혼하다' 는 'engaged to~' 이다. (engaged with가 아님)

　　- Tom was formally engaged to Mary.

　　톰은 메리와 정식으로 약혼했다.

경험

experience [ikspí(ː)əriəns] : 경험(하다), 체험(하다)

　　- Do you have military experience?

　　군대에 갔다온 경험이 있습니까?

　　- Do you have English teaching experience?

　　영어를 가르친 경험이 있습니까?

　　- He has long teaching experience.

　　그는 오랫동안 가르친 경험이 있다.

　　- He hasn't had enough experience to be a cook.

　　그는 요리사로서 충분한 경험이 없다.

- That country has not much experience of democracy.

  그 나라는 민주주의 경험이 별로 없다.

- He is an experienced farmer.   그는 경험이 있는 농부다.

- I am speaking from experience.   나는 경험에서 이야기하고 있다.

- She is experienced in cooking.   그녀는 요리경험이 많다.

계산서

(영) bill [bil]: 식당 같은 데서 사용하는 계산서

  - Please, May I have the bill?   계산서 좀 갖다 주십시오.

(미)에서는 이를 check [tʃek]라 한다.

  - Could you give me the check, please?   계산서 좀 주십시오.

계속 ~하게 해두다

keep [kiːp]

- I will keep in touch with you.   계속해서 연락 드리겠습니다.

- I am sorry to have kept you waiting.

  기다리게 해서 미안합니다.

- Keep the door shut.   문을 닫아 두십시오.

- Police will keep him in the cell for another two days.

  경찰은 그를 이틀간 더 유치장에 가두어 둘 것이다.

- She had to hold a handrail to keep from falling.

  그녀는 넘어지지 않도록 계속해서 난간을 잡고 있어야 했다.

- She noticed that her husband was keeping something from her.

  그녀는 그녀의 남편이 무엇인가를 숨기고 있음을 눈치챘다.

- He kept following me silently.   그는 조용히 나를 따르고 있었다.

- He has to choose between leaving the company and keeping his present job.   그는 회사를 떠나야 하는지 계속해서 그의 현재의 자리를 지키고 있어야 하는지를 선택해야 한다.

- I hope you will keep your promise to pay back soon.

  나는 당신이 돈을 갚겠다는 약속을 지키기를 바랍니다.

- He could keep his family with his income.

  그는 그의 수입으로 그의 가족을 계속해서 부양할 수 있다.

- You can keep it for a month in the refrigerator.

  너는 그것을 한 달 동안 냉장고에 보관할 수 있다.

- How is your grandpa keeping these days?

  요즈음 당신의 할아버지께서는 잘 계십니까?

- I can't keep it to myself.   나는 그것을 나 혼자 비밀로 지킬 수 없다.

- I have to keep in with the neighbours.

  나는 이웃과 사이좋게 지내야 한다.

고속도로   (영)에서는 a motorway라 하고, (미)에서는 a freeway, a highway라 한다.

(영) 고속도로 진입(출)로 : a slip road

(미) 고속도로 진입로(들어가는 사잇길) : an entrance ramp

　　고속도로에서 나가는 사잇길 : an exit ramp

ramp : 층이 다른 두 곳을 연결한 경사길을 말한다. 이 길은 계단을 오르내리기 힘든 노약자, 휠체어, 유모차 등을 위한 것이다. 쇼핑센터, 주차장 등에 있다.

고장나다

　break down [breik daun] : 기계나 자동차가 고장나다

　　- His car broke down.   그의 차가 고장났다.

　out of order : 기계나 기구가 고장나다, 작동하지 않는다

　　- Our phone is out of order.   우리 집 전화가 불통이다.

　something wrong with : 기계나 장비가 정상적으로 작동하지 않는다

　　- He thinks that there is something wrong with our lawn mower.

그는 우리의 잔디 깎는 기계에 이상이 있다고 생각한다.

- Something must have been wrong with the heating apparatus.

난방장치가 고장난 것이 틀림없다.

고치다, 치료하다

cure [kjuər] : 주로 의사나 의학적 치료 등으로 병을 고치는 것

- An operation finally cured his bowel cancer.

  그는 수술로 장암을 고쳤다.

- The doctor has cured the baby of meningitis.

  의사는 그 아기의 뇌막염을 고쳤다.

- There is still no cure for a diabetic.

  아직 당뇨병은 완치되지 않는다.

- No doctor has ever cured AIDS.

  어느 의사도 에이즈는 고치지를 못했다.

heal [hiːl] : 주로 뼈를 다친 상처를 낫게 하는 것, 정신적인 병이나 고통·불화 등을 고치는 것

- It will take two months to heal his broken leg.

  그의 골절된 다리가 낫는 데는 두 달이 걸릴 것이다.

- Many patients have been healed by acupuncture.

  많은 환자들이 침술로 병을 고쳤다.

- She was healed from the pain of a broken heart.

  그녀는 실연의 아픔으로부터 나았다.

- Emotional pain takes time to heal.

  정서적인 고통은 치유하는 데 시간이 걸린다.

※ 부작용: a side-effect

- This treatment may have some unpleasant side-effects including skin rashes and headaches.

  이 치료는 가렵다든지 머리가 아프다든지 하는 기분 나쁜 부작용이 있을지 모른다.

- The pills will have no side - effect on the stomach.

  그 약은 위에 부작용이 없을 것이다.

공급하다, 지급하다(필요한 것, 모자라는 것을 주다)
supply [sΛpli]

- They supplied food and drinking water to the refugee camp.

  그들은 음식과 식수를 피난민 수용소에 공급했다.

- Some dentists asked the city council to put fluoride in water supplies to protect teeth from decaying. 몇몇 치과 의사들은 충치를 예방하기 위해서 수돗물에 불소를 넣을 것을 요구했다.

- Prices are subject to change according to supply and demand.

  가격은 수요와 공급에 따라서 변경될 수 있다.

- Water is in short supply in the drought areas.

  물은 가뭄 지역에는 적게 공급된다.

(공항에서) 탑승 수속을 하다, 수하물을 부치다
check in, check

- She had checked in at Incheon International airport for a flight to Paris.

  그녀는 인천국제공항에서 파리로 가는 비행기의 탑승 수속을 마쳤다.

- He arrived at the airport and checked his luggage.

  그는 공항에 도착해서 수하물을 부쳤다.

- You can check your luggage right through to its final destination.

  (도중에 비행기를 갈아 탈 경우) 당신은 수하물을 최종 목적지까지 바로 부칠 수 있습니다.

- She checked in her luggage and went into the departure lounge.

  그녀는 수하물을 부치고 나서 출발대기실에 갔다.

※(영)에서는 주로 luggage라 하며, (미)에서는 안에 물건이 있는 것은 baggage라 하며, 빈 것은 luggage라고도 한다.

공동 주택

(영) a flat [flæt] : 큰 건물의 한 층에 여러 개의 방이 있어서, 1
가구 또는 여러 명이 나누어 사용하는 주택을 말한다.

- We live in a second floor flat in this building.

   우리는 이 건물의 2층(한국에서는 3층)의 플랫에 살고 있다.

- She is my flat mate.

   그녀는 우리 플랫에 나와 같이 살고 있는 동료이다.

(미) 이런 주택을 'apartment [əpáːrtmənt]' 라고 한다.

과실, 잘못

fault [fɔːlt] : 어떤 나쁜 경우에 있어서 그 원인이나 책임이 있을
때의 잘못, 하는 일이나 한 일에 잘못이 있을 때, 사람이나 물
건에 결함이 있을 때

- Whose fault is it?   그것은 누구의 잘못인가?

- It is all my fault.   그것은 전적으로 내 잘못이다.

- She made many service faults in the final tennis match.

   그녀는 테니스 결승전에서 서브 실수를 많이 했다.

- The coach was delayed for a while due to a minor technical fault.

   버스는 작은 기술적인 결함으로 잠시동안 늦어졌다.

mistake [mistéik] : 의도되지 않은 잘못, 원치 않았던 과실, 판
단 잘못으로 생긴 과실, 오해로 일어난 잘못, 어떤 일이 바르
지 않을 때

- The foreign students are often making spelling mistakes.

   외국학생들은 자주 철자를 잘못 쓴다.

- I mistook her for my sister. 나는 그녀를 내 동생으로 잘못 봤다.

- The captain mistook a bird for an island.

52

선장은 새를 섬으로 잘못 봤다.

- The tourist took a wrong train by mistake.

그 관광객은 실수로 기차를 잘못 탔다.

error [érər] : 잘못됐다고 생각되는 일, 하지 말았어야 할 실수, 판단 잘못으로 일어나는(일어난) 잘못

- The teacher discovered some errors in spelling in the English test.

선생님은 영어시험에 철자오기가 있음을 발견했다.

- The left fielder missed an easy catch. It was his error.

좌익수는 잡기 쉬운 공을 놓쳤다. 그것은 그의 실수였다.

blunder [blʌ́ndər] : 어리석은 행동으로 생긴 잘못, 부주의하고 경솔한 잘못, 큰 실수

- The police made a grave blunder in the murder case.

경찰은 그 살인사건에서 큰 실수를 했다.

- He made a blunder in doing business with an American company.

그는 한 미국회사와 거래를 하면서 큰 실수를 했다.

관련된

be(get) involved in

- Several generals were involved in the coup.

장성 여러 명이 쿠데타에 관련되었다.

- Their family was deeply involved in the illegal immigration business.

그 가족이 불법이민 사업에 깊이 관련되어 있었다.

- She was always keen to get stuck in and get involved.

그녀는 항상 열정적으로 어떤 일을 하려고 했으며 또한 관여했다.

관심, 염려, 흥미

concern(be concerned), interest(interested in)

- Unemployment is the government's main concern.

실업문제는 정부의 중요한 관심사이다.

- I am much interested in English education.

나는 영어교육에 관심이 많다.

- She is interested in Korean Buddhist music.

그녀는 한국 불교음악에 관심을 갖고 있다.

- I have read this novel with great interest.

나는 이 소설을 대단히 재미있게 읽었다.

※ 무관심한, 좋지 않은 : indifferent

- The rich have become indifferent to the poor.

부자들은 가난한 사람들에게 무관심하다.

(the rich = rich people, the poor = poor people)

- He is indifferent to science.   그는 과학에는 관심이 없다.

- The vegetables they are selling are of indifferent quality.

그들이 팔고 있는 야채는 질이 좋지 않다.

약한 자를 못살게 구는 사람, (약한 자를) 들볶다, 위협하다
bully [búli]

- He is a bully who is always using his strength to frighten his friends

그는 힘으로 항상 친구들을 겁을 주는 사람이다.

- I am not going to let him bully me.

나는 그가 나를 괴롭히지 못하도록 할 것이다.

- Many schoolchildren are victims of bullying.

많은 학생들이 힘센 자들로부터 괴롭힘을 당하고 있다.

※ 한국에서 지금 유행하고 있는 '왕따' 란 말도 'bully' 의 일종이 아닌가 싶다.

교통위반

violation of traffic regulations

a traffic offence 〔(미)offense〕

* 교통위반 벌금통지서 : a traffic infringement notice. (이를 'ticket' 라고도 하며, 이 벌금을 'fine' 이라고 한다.)

- She got a ticket for illegal parking.

  그녀는 불법주차로 벌금통지서를 떼었다.

- He was fined 40 dollars for illegal parking.

  그는 불법주차로 40달러의 벌금을 부과받았다.

- She was fined 100 dollars for speeding and banned from driving for three months.

  그녀는 과속으로 100달러의 벌금과 3개월 운전정지 처분을 받았다.

구별하다, 분간하다

- They are twins and it is difficult to know one from the other.

  그들은 쌍둥이라서 서로 구별하기가 어렵다.

- How can you tell an Englishman from an American?

  영국 사람과 미국 사람을 어떻게 구별할 수 있습니까?

- He can't distinguish the good from the bad.

  그는 선과 악을 구별할 수 없다.

- I can't distinguish real pictures from imitated ones.

  나는 실제그림과 모조그림을 구별할 수 없다.

- It is difficult to tell my luggage from yours.

  내 가방과 네 가방을 구별하기가 어렵다.

권유할 때 : 여러 가지 표현이 있으나, 'Would you like to ~' 를 많이 사용한다.

- Would you like to come to my house tonight?

  오늘 저녁에 우리 집에 오시겠습니까?

- Would you like to have coffee?   커피 한 잔 하시겠습니까?

※ Would you like to + 동사 원형 : ~하면 된다

= Won't you + 동사 원형

- Won't you come in? 들어오시지요.

- Won't you sit down? 앉으시지요.

귀찮은, 성가신, 다루기 힘든

annoying [ənɔ́iiŋ], bothering [báðəriŋ | bɔ́ðəriŋ], troublesome [trʌ́blsəm]

- I am annoyed by his frequent calls.

  나는 그의 잦은 전화 때문에 귀찮다.

- He is always up to mischief and annoys his friends.

  그는 언제나 장난만 해서 친구들을 귀찮게 한다.

- Don't bother me. / Leave me alone.   성가시게 굴지 마라!

- A troublesome teenager becomes a social problem.

  다루기 힘든 10대는 사회문제가 되고 있다.

금지하다, 허락하지 않다

forbid [fərbíd], forbid to : 해서는 안 된다, 불가능하게 하다

- I forbid you to go.   나는 네가 가는 것을 허락하지 않는다.

- My parents will forbid me to marry her.

  우리 부모는 내가 그녀와 결혼하는 것을 허락하지 않을 것이다.

- They are forbidden to utter any public comments.

  그들은 어떤 공식적인 논평도 못 하도록 되었다.

prohibit [prouhíbit], prohibit from : 법이나 당국자가 못 하도록 하거나 하면 불법으로 하다

- He was prohibited from going.   그는 못 가도록 금지되었다.

- They are prohibited from uttering any public comments.

  그들은 어떤 공식적인 논평도 못 하도록 되었다.

- The law prohibits the construction of houses without planning consent.　법으로 설계허가가 없이는 집을 지을 수 없도록 되어 있다.

- People are prohibited from smoking in the public hall.

　공회당에서는 담배를 못 피우도록 되어 있다.

- The law prohibit importing any animals without permission.

　법은 어떤 동물도 허가 없이는 수입할 수 없도록 하고 있다.

급료, 봉급

salary [sǽləri] : 주로 전문직에 있는 사람들에게 지급되는 월급

- She earns a high salary as a lawyer.

　그녀는 변호사로서 높은 봉급을 받는다.

- The company increased salaries for all workers.

　회사는 모든 직원들의 봉급을 올렸다.

wage [weidʒ], wages : 단순직이나 비숙련공에게 정기적으로
지급되는 급료

- His wage is too low to cover his cost of living.

　그의 급료는 너무 적어서 생활비 충당도 어렵다.

- The legal minimum wage is 8 dollars per hour.

　법정 최저 임금이 시간당 8달러이다.

pay [pei] : wage, salary 등을 포함하는 넓은 의미의 급료

- Teachers demanded a pay increase of 10%.

　교사들은 봉급의 10% 이상을 요구했다.

- His pay is good.　그의 급료는 많다.

※ a pay day : 봉급날

※ PAYE(Pay As You Earn의 준말) : (영)에서 사용한다.

　원천과세방식 : 개인소득세를 회사나 고용주가 직접 세무서에 납부하고 그 금액
을 월급이나 임금에서 공제하고 각 개인에게 월급(임금)을 지불하는 것.

긍정과 부정 : Yes and No

가장 쉽고 가장 많이 쓰는 말이지만, 한국사람들이 많이 혼동하는 것 중의 하나가 'Yes'와 'No'의 사용법이다.

내가 교민회장으로 있을 때 교민회의 고문변호사였던 이민전문 변호사 R씨의 말에 의하면 한국사람들과의 대화에서 가장 혼란스럽게 하는 것이 'yes'와 'no'라고 한다. 그러나 1980년대에 한국은행의 외환, 금융 고문으로 일 년간 서울에서 근무한 경험도 있고 해서 이제는 자기 쪽에서 이해를 한다고 한다.

그가 판문점 관광을 갔었을 때 겪었던 일을 사례를 들어본다.

R씨 : Do you mind if I take a photograph?

안내원 : No.

R씨 : So he took a photograph, because he confirmed that he did not mind.

안내원 : No, No.(아마도 그곳은 촬영이 금지된 특수지역이었던 것 같다.)

R씨는 그때서야 안내원의 'No'가 촬영을 하면 안 된다는 뜻임을 알았다.

그때 R 씨는 무척 당황했다고 했다.

"Do you mind if I take a photograph?"(사진을 찍어도 됩니까?)라고 물었을 때, "No, I don't mind."(예, 찍어도 됩니다.)라고 긍정적으로 대답을 할 때는, 'No.'라고 대답을 해야 한다.

만약에 "찍어서는 안 됩니다."라고 부정적인 대답을 할 때는, "Yes, I mind."라고 'Yes'라는 대답을 해야 한다.

다른 예를 들면, "Excuse me, do you mind if I smoke?"(담배를 피워도 괜찮겠습니까?)라고 했을 때, "예, 피워도 좋습니다.'라고 긍정적인 대답을 할 때는, "No, I don't mind. / No, I don't mind. Go head."라고 하면 된다.

만약에, "아니오, 피워서는 안 됩니다."라고 부정적인 대답을 할 때는 "Yes, I mind. / Yes, I do."라고 하면 된다. 'Mind'를 사용한 의문문의 대답에는 주의를 해야 한다.

* 일반적인 영어에서의 긍정과 부정

1) 긍정으로 물을 때

Are you hungry?   배가 고프십니까 ?

긍정적 대답 : Yes, I'm hungry.   예, 배가 고픕니다.

부정적 대답 : No, I'm not (hungry).   아니오, 배가 고프지 않습니다.

2) 부정으로 물을 때

Aren't you thirsty?   목이 마르지 않습니까?

긍정적인 대답 : Yes, I am (thirsty).   예, 목이 마릅니다.

부정적인 대답 : No, I am not (thirsty).   예(한국어 표현), 목이 마르지 않습니다.

※ 질문의 형식이 '부정문'일 때, 문제가 생긴다.

한국어에서는 질문의 형식이 긍정문일 때는 『예 + 긍정문』이고 부정문일 때는 『예 + 부정문』이 된다.

그러나 영어에서는 질문의 형식이 긍정문일 때는 「Yes + 긍정문」이고 부정문일 때는 「No + 부정문」이 된다.

다시 말하면, 영어에서는 질문의 형식이 긍정이든 부정이든, 대답의 내용이 긍정이면 'Yes'로, 부정이면 'No'로 대답을 해야 한다.

'Yes + 부정문'이나 'No + 긍정문'은 사용하지 않는다.

기대하다

expect [ikspékt] : 어떤 일이 일어날 것을 믿고 기대하다, 올 것을 믿다

- I expected him to come.

  나는 그가 올 것이라고 믿었다.

- I am expecting her today.   그녀가 오늘 나를 방문할 것이다.

- I expected you yesterday.

  나는 당신이 어제 올 것이라고 기대했다.

- I expect Tom to come to the party.

  나는 톰이 파티에 올 것이라고 생각한다. (만약 오지 않으면 섭섭하다.)

- I expect Tom will come to the party.

  나는 톰이 파티에 올 것이라고 생각한다. (단지 올 것이라고 생각한다.)

- I expect Korea to win in the game.

  나는 시합에서 한국이 이길 것을 기대한다.

- She expects to get a job soon.

  그녀는 곧 직장을 갖게 될 것이라 믿는다.

- Real estate agents expect a gradual improvement in sales of houses after winter.

  복덕방들은 겨울이 지나면 집 매매 사정이 차차 나아질 것이라고 기대한다.

- It tastes awful, but at that price what can you expect?

  맛은 없지만, 그 돈을 주고 뭘 더 바란단 말인가?

- Don't expect much of me. 나에게 너무 많은 것을 바라지 마라.

- I expect so.   (확신은 없지만) 아마 그럴 것이다.

- She is expecting a baby. / She is expecting.   그녀는 임신중이다.

- A new edition is expected to come out next week.

  새 간행물은 다음 주에 나올 것이다.

* look forward to : 즐겁고 기쁘기 때문에 어떤 일이 일어날 것을 바라다

- I look forward to seeing you soon.

  당신을 곧 볼 수 있기를 기대한다.

- I am looking forward to working with her.

  나는 그녀와 함께 일하기를 바란다.

※ look forward to 다음에 명사 또는 동명사(~ing)가 오며, to 부정사 (to infinitive)는 오지 않는다.

I am looking forward to go to Korea. (x)

I am looking forward to going to Korea. (o)

anticipate [æntísəpèit] : 어떤 일이 일어날 것을 미리 알고 대비하다

- It was anticipated that Labour Party could win in the election.

  선거에서 노동당이 이길 것이라고 예측되었었다.
- Police anticipated that the two gangs would fight each other for territorial control

  경찰은 두 갱단이 지역 관할권 때문에 싸울 것이라고 예측했었다.

기분이 나쁜, 불쾌한

- Your feet smell unpleasant.   당신의 발 냄새가 기분이 나쁘다.
- He is an unpleasant man.   그는 불친절하고 무례한 사람이다.
- It is an uncomfortable chair.   그 의자는 불편하다.
- I sometimes feel uncomfortable when I get up in the morning.

  나는 아침에 일어나면 가끔 몸이 편치 못함을 느낀다.
- It is a nasty smell.   그것은 불쾌한 냄새다.(악취다.)
- It is nasty weather.   아주 거친 날씨다.
- They are nasty children.   그들은 아주 버릇이 없는 아이들이었다.

기후, 날씨

climate [kláimit] : 어느 지역의 대체적인(특징적인) 날씨, 분위기, 풍조

- The hot and cold climate of Korea is good for rice farming.

  한국의 덥고 추운 기후가 벼농사에는 좋다.
- The climate of this country is suitable for livestock farming.

  이 나라의 기후는 축산에 적합하다.
- I like the mild climate of New Zealand.

  나는 뉴질랜드의 온화한 기후를 좋아한다.
- Korea is still a beautiful country, but the social climate has changed.

  한국은 여전히 아름다운 나라이지만, 사회풍조가 바뀌었다.

weather [wéðər] : 일정지역의 일정시기의 기후 조건

- I like hot weather.   나는 더운 날씨를 좋아한다.

- Fishing is impossible in today's weather.

  오늘 같은 날씨에는 낚시를 할 수 없다.

- The weather forecast said that tomorrow is fine weather.

  일기예보에 의하면 내일 날씨는 맑다.

- It is not weather dependent.   그것은 날씨와 상관 없다.

- Farming is dependent upon weather.   농업은 날씨와 관계가 있다.

- Hardy fans turned out in wet weather to watch a match of soccer.

  인내심이 강한 열성 팬들이 우중에도 축구경기를 보려고 모였다.

길에 대한 문의

〈방향을 물을 때〉

- Please show me the way to the train station.

  기차역으로 가는 길을 좀 가르쳐 주십시오.

- Walk three more blocks and you'll find it on your left.

  세 블록을 더 가면, 왼편에 있습니다.

- Please direct me to the city hall.

  시청 가는 길을 좀 가르쳐 주십시오.

- Turn left at the next crossing, and you'll find it right ahead of you.

  다음 건널목에서 좌회전하면 전방에 있습니다.

- Will you please tell me how to get to the waterfront.

  부두로 가는 길을 좀 가르쳐 주십시오.

- I'm going the same direction. You can come along with me.

  I'll show you where it is.

  나도 같은 방향으로 갑니다.

  나를 따라오시면, 그곳을 가르쳐 드리겠습니다.

- I'm sorry, but I'm a stranger here. Please ask someone else.

  미안합니다. 사실은 나도 이곳이 낯선 곳입니다. 다른 사람에게 물어 보세요.

〈 거리를 물을 때 〉

- How far is it to the airport from here?

여기서 비행장까지 얼마나 멉니까?

- It is about 6 kilometers from here to the airport.

약 6킬로미터 됩니다.

- How long will it take me to get to the ferry terminal by taxi?

택시로 여객선 터미널까지 얼마나 걸립니까?

- It'll take you about fifteen minutes by taxi.

택시로 15분 정도 걸릴 것입니다.

- Can I walk there? 거기까지 걸어서 갈 수 있습니까?

- I think it's too far to walk. / It's not within walking distance.

너무 먼 것 같습니다. / 걸어서 갈 거리가 아닙니다.

- I'm going to the museum. Where do I have to get off ? / How many stops is it to the museum?

(버스 안에서) 박물관에 가려고 합니다. 어디에서 내려야 합니까? / 몇 번째 정류소에서 내려야 합니까?

- It's three stops from here.

여기로부터 세 번째 정류소에서 내리면 됩니다.

- Does this bus go to the Rugby Stadium?

이 버스가 럭비경기장으로 갑니까?

- There is no direct bus there. You have to transfer at the next stop.

거기 가는 직행버스는 없습니다. 다음 정류소에서 갈아 타야 합니다.

- Where is the information centre? 안내소가 어디에 있습니까?

- If you keep going on this street for a while, you can find it right ahead of you. 계속해서 얼마를 가면, 오른쪽 전방에 있습니다.

끝내다

finish [fíniʃ] : 마지막까지 해서 더 할 것이 없다, 마치다, 완성하다

- He will finish a report this week.

  그는 보고서 작성을 이번 주에 끝낼 것이다.

- I finished eating.(/ singing. / running.)

  나는 먹기를 (노래하기를, 달리기를) 끝냈다.

- I have finished reading the novel.   나는 그 소설을 다 읽었다.

- I finished studying at Victoria University ten years ago.

  나는 십 년 전에 빅토리아 대학에서 공부를 끝마쳤다.

- I have finished speaking.   나는 이야기를 끝마쳤다.

이 경우, 'finishes to do something' 은 쓰지 않는다.

I finished to read the novel. (x)

I finished reading the novel. (o) 나는 그 소설을 다 읽었다.

- She listened to me from start to finish.

  그녀는 처음부터 끝까지 나의 말을 들었다.

- Are you going to finish with me?

  당신은 나와의 관계를 끝내려고 합니까?

- He finished off his dish.   그는 음식을 남김없이 다 먹었다.

- He finished off a bottle of wine.   그는 와인 한 병을 다 마셨다.

나라

a nation [néiʃən] : 사회적, 정치적 조직을 가진 각 나라

- The Asian nations agreed to sign the peace treaty.

  아시아 각국들은 평화조약에 서명하기로 동의했다.

- Each nation is obliged to observe the international law.

  세계 각국은 국제법을 지키지 않으면 안 된다.

* a country [kʌ́ntri] : 특정한 영토를 갖고 분할되어 있는 정치적 단위

- New Zealand is a beautiful country.

  뉴질랜드는 아름다운 나라이다.

- This is the boundary line between two countries.

  이것이 두 나라 사이의 국경선이다.

- We travelled across the country from north to south.

  우리는 북에서 남으로 전국을 두루 여행했다.

What nation do you come from? (×)

What country do you come from? (O) 당신은 어느 나라에서 왔습니까?

나르다, 가져오다(가다), 운반하다

bring [briŋ] : 어떤 곳으로 갈 때 함께 가든지 갖고 가다, 가져가다

- Please bring me some biscuits. 비스킷 좀 갖다 주십시오.
- She brought me a bottle of wine. 그녀는 와인 한 병을 갖고 왔다.

carry [kǽri] : 들고 가다, 나르다, 어느 곳으로 데려가다, 갖고 있다, 옮기다

- He is carrying a mobile phone. 그는 모빌폰을 갖고 다닌다.
- Detectives have to carry a beeper so that the head office can call them in at any time.

  본부에서 언제든지 연락을 할 수 있도록 형사들은 호출기를 갖고 다녀야 한다.
- The cruise ship could carry five hundred passengers.

  그 유람선은 500명의 여객을 태워 나를 수 있다.
- Bees are carrying the pollen from plant to plant.

  벌들은 꽃가루를 이 풀에서 저 풀로 나른다.
- She is carrying her baby on her back.

  그녀는 아기를 업고 다니고 있다.

나무라다, 비난하다

blame [bleim] : 잘못 따위를 ~의 책임이나 탓으로 돌리다

- The police blamed the arson on racists.

  경찰은 방화를 인종차별주의자의 소행으로 여겼다.
- People put the blame for the financial difficulties on the previous government.

  국민들은 경제난국을 지난 정권의 탓으로 돌렸다.
- The police chase is partly to blame for causing the car crash.

  경찰의 추적이 자동차 충돌 사고 발생 원인의 일부라고 비난받고 있다.

condemn [kəndém] : 무엇이 대단히 나쁘거나, 용납될 수 없다

- They condemned his behaviour.　그들은 그의 행동을 비난했다.
- They condemned him for his speech.

  그들은 그의 연설을 비난했다.
- The manager condemned his players for lack of training.

  감독은 그의 선수들의 연습부족을 나무랐다.

scold [skould] : 잘못을 꾸짖다, 잔소리하다

- His mother scolded him for being naughty.

  그의 어머니는 그의 나쁜 행실을 꾸짖었다.

나타나다

appear [əpíər] : 나타나다, 사람들 앞에 나오다

- The dictator appeared in public with many bodyguards.

  독재자는 많은 경호원들을 데리고 사람들 앞에 나타났다.
- A popular actress appeared on the new television drama.

  인기 여배우가 새 텔레비전 드라마에 출연했다.

show up : 얼굴을 내밀다, 참석하다

- She didn't show up at the farewell party.

  그녀는 송별연에 참석하지 않았다.
- He always shows up in a fancy car.

  그는 항상 호화스러운 차를 타고 나타난다.

남기다, 남기고 가다, 떠나다

leave [liːv]

- She left her handbag in the taxi on her way home.

  그녀는 집으로 오는 택시 안에 핸드백을 놓고 내렸다.
- She always leaves a little food for the midnight snack.

그녀는 항상 밤참으로 음식을 좀 남겨둔다.

- The driver left the car lights on and entered the pub to drink.

  운전사는 차의 불을 켜둔 채 술집으로 술을 마시러 들어갔다.

- She has left four sons.   그녀는 아들 넷을 남기고 죽었다.

- She was left an orphan at the age of five.

  그녀는 5살 때 고아가 되었다.

- Who left the gate open?   누가 대문을 열어 두었니?

- He left all assets to his wife.   그는 전 재산을 그의 부인에게 남겼다.

- Don't leave anything behind.   무엇이든 남겨 두지 마십시오.

- She left behind her husband and children.

  그녀는 남편과 아이들을 남겨 두고 다른 곳으로 갔다.

- He got left behind at school with English.

  그는 학교공부에서 영어가 뒤떨어졌다.

남다, 남은

remain [riméin], be left(over), to go : 어떤 특정한 상태나 상황이 변하지 않고 그대로 있다

- The situation remains unchanged.

  사태는 변하지 않고 그대로 남아 있다.

- The two countries remain tense over the border dispute.

  두 나라는 국경 분쟁으로 긴장상태로 남아 있다.

- She will have to remain in hospital for another week.

  그녀는 일 주일 더 병원에 남아 있어야 한다.

- The teenagers' problems always remain in the society.

  10대들의 문제는 항상 사회문제로 남아 있다.

- Much homework remains to be done this week.

  금주에 해야 될 숙제가 많이 남아 있다.

- Please don't leave anything behind you!

자리를 뜰 때 아무것도 남기지 마십시오.(잘 챙기십시오)

- People have to tidy up the remains of their picnic before they leave.

  사람들은 자신들의 야유회에서 남은 쓰레기를 깨끗이 치우고 떠나야 한다.

- She ran away, leaving behind her husband and children.

  그녀는 남편과 아이들을 남겨 두고 달아났다.

- Three from nine leaves six. / Taking 3 from 9 leaves 6.

  9에서 3을 빼면 6이 남는다.

- I still have another three lessons to go.   아직 수업이 세 시간 남았다.

- There is a week to go until my graduation.

  졸업까지는 아직 일 주일이 남았다.

- Let it remain as it is.   있는 그대로 남겨 두어라.

- How many minutes are left in this game?

  이 경기는 몇 분 남았습니까?

- 10 minutes are left. / 10 minutes to go. (이 표현을 많이 쓴다.)

  10분이 남았다.

내기 걸다
bet [bet]

- Will you make a bet on it?   내기 걸까요?

- Let's bet on which horse will win.

  어느 말이 이길지 내기합시다.

- I will bet 10 dollars on No.3 horse.

  나는 3번 말에 10달러를 걸겠습니다.

- I bet. / I will bet.   틀림없다.

- I never bet.   나는 내기를 하지 않는다.

- You bet!   정말이야!

- You bet?   정말인가?

~에서 내리다

get out : 자동차, 승강기, 비행기, 작은 배 등에서 내릴 때

- He got out of the car.　그는 자동차에서 내렸다.

- He got out and went into the restaurant.

  그는 자동차에서 내려서 식당으로 들어갔다.

get off : 버스, 기차, 비행기 등에서 내릴 때

- He got off the bus.　그는 버스에서 내렸다.

- He got off at the next station.　그는 다음 역에서 내렸다.

노력하다

effort [éfərt]

- He makes an effort to cope with the language barrier.

  그는 언어 장벽을 극복하기 위해서 노력하고 있다.

- Despite the efforts of the government, the problem of pollution continues to grow.

  정부의 노력에도 불구하고, 공해문제는 계속해서 심각해지고 있다.

- The painting is one of her finished efforts.

  그 그림은 그녀의 역작 중 하나이다.

- He swam across the river with little effort.

  그는 강을 손쉽게 헤엄쳐 건넜다.

논쟁점, 문제

issue [íʃuː]

- The key issue proposed by students is to freeze the tuition fee.

  학생들로부터 제안된 주요 논쟁점은 등록금의 동결이다.

- People could freely express a view on political issues.

  국민들은 정치 문제에 대해서 자유롭게 자기 견해를 발표할 수 있다.

- What is your real issue in your essay?

당신 논문의 주 쟁점이 무엇입니까?

놀리다, 조롱하다, 욕하다

banter [bǽntər] : (재미로, 호의적으로) 놀리다

- He was laughing and bantering with her.

  그는 웃으면서 그녀를 놀리고 있었다.

- It was probably just a banter to them, but it wasn't funny to me.

  그것은 아마도 그들을 놀리는 것이었지만, 나는 재미가 없었다.

- We bantered with each other amusingly.

  우리는 서로 재미있게 놀려댔다.

tease [ti:z] : (상대방을 당혹케 하는, 화나게 하는, 괴롭히는) 놀리다, 희롱하다

- They teased me about my yellow coloured hair.

  그들은 노랗게 물들인 내 머리를 보고 놀려댔다.

- They teased me mercilessly about my poor English.

  그들은 나의 서툰 영어에 대하여 너무 심하게 놀려댔다.

- Until now, he tolerated their teasing, but couldn't stand it any more.

  그는 지금까지는 그들의 놀림을 참았으나, 이제는 더 이상 참을 수 없다.

call' a person' names : 욕하다

- They called me names because I was late.

  그들은 내가 늦은 데 대하여 욕을 했다.

- They had called her bad names.   그들은 그녀를 욕했었다.

- It is easy to speak ill of anyone.

  다른 사람을 나쁘게 말하는 것은 쉽다.

- He is making a fool of you.   그는 너를 바보 취급한다.

- Are you kidding me?   나를 놀릴 셈인가?

높은

high [hai] : 장소, 위치, 지위, 온도, 소리 등에 사용한다
(사람, 동물, 식물 등에는 사용치 않는다).

- Mt. Baekdu is the highest mountain in Korea.

  백두산이 한반도에서 제일 높은 산이다.

- She is wearing high heeled shoes.　그녀는 굽 높은 구두를 신고 있다.

- The building is very high.　그 건물은 대단히 높다.

- The sun was high in the sky.　해가 중천에 떴다.

- Which country has the highest birth rate in the world?

  세계에서 출산율이 제일 높은 나라는 어느 나라입니까?

- Fried foods are high in fat.　튀긴 음식에는 지방이 많다.

'food'는 물질명사이지만 제품을 말할 때는 보통명사화하여 복수로 사용한다.

- He has a high position in the foreign ministry.

  그는 외무부의 고위직에 있다.

- He has always had a high reputation for his excellent speech.

  그는 항상 명연설가로서의 명성을 지니고 있었다.

tall [tɔːl] : 사람, 동물, 식물 등의 폭이 좁고 가늘고 긴 것의 높이
에 사용한다

- He is a tall handsome man.　그는 키가 크고 잘생긴 남자이다.

- This tree is very tall.　이 나무는 대단히 높다.

- His office is in a tall building.　그의 사무실은 높은 건물 안에 있다.

- How tall are you?　당신 키는 얼마입니까?

- I am 6ft tall.　나의 키는 6피트입니다.

- My son is already taller than me.

  내 아들은 벌써부터 나보다 키가 크다.

느끼다

feel [fiːl] : 특별한 감정이나 육체적인 감각, 마음을 표시할 때

- How are you feeling this morning? / How do you feel this morning?

오늘 아침 기분이 어떻습니까?

- I feel happy. / I am feeling happy.   나는 행복합니다.

- I feel hungry. / I am feeling hungry.   나는 배가 고픕니다.

- I feel depressed. / I am feeling depressed.   나는 울적합니다.

- I feel lonely. / I am feeling lonely.   나는 외롭습니다.

- I feel uncomfortable. / I am feeling uncomfortable.   불쾌합니다.

- I feel a pain in the back.   나는 등이 아픕니다.

- I have a feeling of coldness.   나는 추위를 느낍니다.

- He is still alive. I can feel his pulse.

그는 아직 살아 있다. 나는 그의 맥이 뛰고 있는 것을 느낄 수 있다.

- It feels windy today.   오늘은 바람을 좀 느낀다(바람이 좀 분다).

- She could feel that a pickpocket was following her.

그녀는 소매치기가 뒤따라오고 있는 것을 알 수 있었다.

- She felt someone following behind her.

그녀는 누군가가 뒤따라오고 있는 것을 느꼈다.

- I felt an insult.   나는 모욕감을 느꼈다.

- I feel I should help her.   나는 그녀를 도와야 한다고 느낀다.

- She feels sad about her divorce.

그녀는 자기의 이혼에 대해서 슬퍼한다.

- I have no feeling in the legs.   나는 다리에 감각이 없다.

늘 했다, ~하는 버릇이 있다
used to [juːst] (발음에 주의)
과거에 있었거나 과거에 일정하게 행해졌던 일

- He used to jog every morning.

그는 전에 매일 아침 조깅을 했다.

- I am less healthy than I used to be.

나는 옛날보다 건강이 나빠졌다.

- She didn't used to go out late at night.

그녀는 밤늦게 외출하는 버릇이 없었다.

- He didn't used to like anyone visiting him at night.

그는 어떤 사람이든 밤에 찾아오는 것을 좋아하지 않았다.

- In my childhood children didn't used to defy their parents.

내 어린 시절의 아이들은 부모들에게 반항하는 일이 없었다.

※ did not use to = did not used to

선천적 · 후천적으로 할 수 있는 능력, 자질, 재능, 할 수 있는
ability, be able to, capability, be capable of

- He has the ability to handle the job.

그는 그 일을 처리해 나갈 능력이 있다.

- He is a man of business ability.   그는 사업가로서의 능력이 있다.

- I will take care of this business to the best of my ability.

나는 이 사업을 내 능력을 다하여 운영해 나가겠다.

- She seems able to work together without any problem.

그녀는 별 문제 없이 같이 일할 수 있을 것으로 보인다.

- He is an able coach.   그는 뛰어난 코치이다.

- He is a capable coach.   그는 실력이 충분한 코치이다.

- She is capable of coping with a difficulty.

그녀는 어떤 어려움도 극복할 수 있다.

- This restaurant is capable of catering for several hundreds people.

이 식당은 수백 명의 손님을 받을 수 있다.

- He is a very capable analyst.   그는 아주 능력 있는 분석가이다.

다루다, 취급하다

handle [hǽndl] : 사람이나 일을 효과적 · 성공적으로 다루는 것

- I don't know how to handle the problem.

  나는 그 문제를 어떻게 다루어야 하는지를 모른다.

- The fraud investigation is being handled by the special agents.

  그 부정행위의 조사는 특별반에서 다루어지고 있다.

- The school consultant teaches students how to handle their feelings.

  학교 상담역은 학생들에게 그들의 감정을 어떻게 다루어야 하는지를 가르친다.

- I have never handled a horse.   나는 한 번도 말을 다루어 본 적이 없다.

treat [tri:t] : 사람이나 어떤 일을 특별한 방법으로 처리하는 것

- The teacher treated most students severely.

  그 선생님은 거의 모든 학생들을 엄하게 대했다.

- The male teacher treated most of the girl students with indifference.

  그 남자 선생님은 대부분의 여학생들을 무관심하게 대했다.

- Police say they are treating it as a case of home invasion.

  경찰은 그 사건을 가정침입 사건으로 취급하고 있다고 한다.

- The doctor treated him with acupuncture.

  의사는 그를 침으로 치료했다.

- She treated the baby cruelly. 그녀는 아기를 잔혹하게 다루었다.

다른, 상이한
different [dífərənt] , difference [dífərəns]

- My opinion is totally different from your.

  내 의견은 네 의견과는 전혀 다르다.

- My research is somewhat different to his.

  내 연구는 그 사람 것과는 다소 다르다.

- Her recipe is totally different to my wife.

  그녀의 조리법은 내 아내의 조리법과는 전혀 다르다.

- She cooks it in the different way.

  그녀는 그것을 다른 방법으로 요리한다.

- There is no difference between these two products.

  이 두 제품 사이에는 다른 점이 없다.

- This is the fundamental difference between oriental society and western society.

  이것은 동양사회와 서양사회 사이의 근본적인 차이이다.

닮다(얼굴, 외형, 모양, 성질, 행동 등)
look like a thing(person), look alike, resemble, take after

- He resembles his father. 그는 그의 아버지를 닮았다. (얼굴)

- The crab sticks resemble the real crab meat in flavour.

  가공 게맛살은 진짜 게살과 맛이 비슷하다.

- I take after mother more than father.

나는 아버지보다 어머니를 더 닮았다. (얼굴)

- He takes after his father.   그는 성격이 그의 아버지를 닮았다.
- You look very much like your grandfather.

  너는 할아버지를 너무 많이 닮았다. (얼굴)
- These two pieces of luggage look alike.

  이 두 여행가방은 모양이 비슷하다.

당신 먼저!

After you, please!

꼭 알아 두어야 할 말이다.

외국생활이나 해외여행을 할 때 자주 이 말을 할 경우가 생긴다.

백화점 · 식당 · 다방 · 극장 · 관공서나 사무실 입구에서 동시에 서로 들어가려는 경우가 생겼을 때 상대방에게 정중히 먼저 들어가기를 청하는 경우 또는 "먼저 타세요.", "먼저 내리세요.", "먼저 앉으세요.", "먼저 하세요." 등의 비슷한 상황에서 상대방에게 자기보다 먼저 하기를 요청할 경우에 "After you, please!"라고 하면 된다.

대단히 큰, 거대한(비유적으로 쓴다)

huge [hjuːdʒ] , large [lɑːrdʒ]

- This is a huge building.   이것은 대단히 큰 건물이다.
- A little boy is wearing a huge jacket.

  작은 아이가 엄청나게 큰 웃옷을 입고 있다.
- His limbs are large.   그의 손발은 무척 크다.

대답하다

answer [ǽnsər] : 부름 또는 물음에 응하다, 편지 · 전화 · 문제 등에 대답하다

- Just answer the question.   단지 물음에 대답하시오.

- Did he answer your letter? 그가 당신 편지에 답장을 보냈습니까?

- I wrote to him but I never had an answer back.

  그에게 편지를 보냈습니다만, 한 번도 답장을 못 받았습니다.

- She answered her phone as soon as I rang.

  그녀는 내가 전화를 걸자마자 받았다.

- My granddaughter answered the door bell.

  내 손녀가 초인종 소리를 듣고 나갔다.

reply [riplái] : 누가 말하든 쓴 것에 대하여 대답하다, 공격이나 폭력 등에 대응하다

- The commandos replied that the mission was absolutely impossible.

  특공대는 그 임무가 절대 불가능하다고 대답했다.

- The demonstrators threw stones and fire-bottle at police, who replied with tear gas.

  데모대가 경찰에게 돌과 화염병을 던졌더니, 경찰은 최루탄으로 응수했다.

  ※ Drop a line to me. / Drop me a line.

  몇 자 소식을 알려 주십시오.(회신 좀 보내주십시오.)

respond [rispánd] : 행동이나 말로 반응하는 것

- I responded to his kick with a punch.

  나는 그의 발길질을 주먹으로 응수했다.

- The enemy are likely to respond quickly to our ceasefire proposal.

  적은 우리의 휴전 제의에 즉각적으로 응답을 했다.

대안, 둘 중 하나를 택하다, 다른 방법
alternative [ɔːltə́ːrnətiv]

- You have the alternative of riding or walking.

  당신은 타고 가든지, 걸어서 가든지 하나를 택할 수 있다.

- We have no alternative but to run.

  우리는 뛰는 수밖에 다른 방법이 없다.

- He has an alternative plan.

    그는 대안을 갖고 있다.

- There are alternative ways to get to Seoul.

    서울로 가는 다른 방법이 있다.

(음식을 뜨겁게) 데우다
heat [hiːt] up, warm up(따뜻하게 데우다)

- She heated up a bowl of boiled rice.

    그녀는 밥 한 공기를 뜨겁게 데웠다.

- I asked her to heat up a pie.

    나는 그녀에게 파이를 데워 달라고 했다.

- I warmed a pizza up for him.

    나는 그에게 주려고 피자를 따뜻하게 데웠다.

돕다
help [help] : 남의 일을 쉽게 하도록 도움을 주다

- May I help you, sir(madam)?

    무엇을 도와드릴까요?(무엇을 찾으시죠?)

    (가게 등에서 점원이 손님에게 건네는 말)

- I helped her (to) cook the dinner.

    나는 그녀가 저녁 준비하는 것을 도왔다.

- He helped the old lady to her feet.

    그는 늙은 여인을 부축해 일으켜 세워 주었다.

- These tablets will help your cough.

    이 정제는 기침을 멈추게 해줄 것이다.

- Help! Help me!   도와 주세요!(위험에 처해서 구조를 요청할 때)

- Dad helped me (to) stand on my own feet.

    아버지는 내가 자립할 수 있도록 도와 주셨다.

assist [əsíst] : 남의 일이나 작업의 일부를 해줌으로써 도와 주다

- She assisted me to write my essay.

  그녀는 내가 에세이 쓰는 것을 도와 주었다.

- The professor was assisted by a postgraduate student.

  한 대학원생이 교수님의 조수를 했다.

- This information may assist you in making the best choice.

  이 정보가 가장 좋은 선택을 하는 데 도움이 될 것이다.

돌보다(~을 돌보다)

take care of ~

- She is going to leave office (the company) to take care of her new-born baby.

  그녀는 그녀의 갓난아기를 돌보기 위해서 회사를 그만두려고 한다.

- She takes good care of her grandma.

  그녀는 그녀의 할머니를 잘 돌봐드리고 있다.

- He takes good care of my dog.   그는 내 개를 잘 돌봐준다.

- Take care of yourself !   몸조심해라!

- Take care!   잘 가! 조심해! 안녕!

care for ~

- You must learn how to care for cats, if you want to have one.

  고양이를 기르겠다면, 고양이를 어떻게 돌보는가를 배워야 한다.

- They hired a nanny to care for their children.

  그들은 그들의 아이들을 돌볼 유모를 고용했다.

- She takes good care of the baby.

  그녀는 아기를 잘 돌본다.

look after ~

- She likes to look after the children.

그녀는 어린아이들을 돌보는 것을 좋아한다.

- She doesn't look after her adopted daughter well.

그녀는 그녀의 양녀를 잘 돌보지 않는다.

- He looks after his brother's shop.

그는 그의 형 가게를 돌봐 주고 있다.

되풀이, 반복

〈외국인과 대화를 할 때 잘못 듣거나 못 알아들어 다시 묻는 경우가 있을 때〉

- Sorry? / Pardon? / Excuse me? / Beg your pardon?

- I beg your pardon?

"I beg your pardon?" / "Excuse me?"는 어떤 사람이 하는 말이 놀랍거나, 불쾌할 때 쓰면, "무엇이라고요? 한 번 더 말해보세요."란 뜻이다.

〈잘 모르는 사람이나, 전화상으로 잘못 알아들어서 다시 말해줄 것을 요청할 때〉

- Sorry, what did you say ?

= I'm sorry, I didn't quite catch that.

= I'm sorry, I didn't hear what you said.

= I'm sorry, would you mind repeating that again?

= Would you repeat that, please ?

미안하지만, 다시 한 번 말씀해 주시겠습니까?

두 번, 2회

twice [twais]

- The dentist recommended that I brush my teeth and gums twice daily.

치과의사는 나에게 매일 두 번씩 양치질을 하라고 권했다.

- He was the world champion in heavyweight boxing twice.

그는 권투에서 헤비급 세계 챔피언을 두 번 했다.

- I will have my hair cut twice a month.

나는 한 달에 두 번 이발한다.

- I am twice as strong as you.   나는 너보다 힘이 두 배나 세다.

뒤의

back [bæk]에는 여러 가지 의미가 있다. 어떤 사람이나 물건이 예전에 있던 자리로 돌아올 경우에 사용한다

- I went back to the library.   나는 도서관으로 돌아갔다.
- I'll come back after dinner.   저녁식사 후에 돌아오겠다.

그러나 회화에서는 'come back' 대신에 'be back'을 많이 쓴다.

- I'll be back as soon as possible.

  될 수 있는 한 빨리 돌아오겠다.

- He is just back from Korea.

  그는 막 한국에서 돌아왔다.

- The boy will be back from school within an hour.

  그 소년은 한 시간 안에 학교에서 돌아올 것이다.

'back'은 동사 'return'과 함께 쓰지 않는다.

- He returned back to his office. (x)

- He returned to his office. (o) 그는 사무실에 돌아왔다.

- I brought her back to my room.

  나는 그녀를 내 방에 데려왔다.

- She took the book back.

  그녀는 책을 제자리에 갔다 놓았다.

- He put it back in the refrigerator.

  그는 그것을 다시 냉장고에 넣었다.

- You will get your money back.

  당신은 돈을 돌려받을 수 있을 것이다.

- Tom is due (to go) back to Korea today.

  톰은 오늘 한국으로 돌아가기로 되어 있다.

그 밖에 다른 사용 용도는 다음과 같다.

- He was lying peacefully on his back.

  그는 편안하게 반듯이 누워 있었다.

- She tapped him on the back.

  그녀는 그의 등을 가볍게 두드렸다.

- The victim was shot in the back.

  피해자는 등에 총알을 맞았다.

- I'll write back to you when I get to Seoul.

  서울에 도착하면, 편지하겠네.

- Black is back.

  검정색이 다시 유행하기 시작했다.

- The students backed him up.

  학생들이 그를 지지했다.

- Sign on the back of the contract form.

  계약서의 뒷면에 서명하십시오.

- She took a backward step.

  그녀는 뒷걸음질을 쳤다.

따뜻한, 다정스러운, 열렬한
warm [wɔːrm]

- This plant is grown in warm places.

  이 식물은 따뜻한 곳에서 자란다.

- The salt can be easily dissolved in the warm water.

  소금은 따뜻한 물에서 잘 녹는다.

- She painted her lounge a warm orange which might make you comfortable and relaxed.   그녀는 응접실을 따뜻한 오렌지색으로 칠했는데, 이는 당신을 기분 좋고 편안하게 느끼도록 할 것이다.

- She is very warm and kind teacher.

그녀는 대단히 따뜻하고 친절한 선생님이다.

- They received me with a warm welcome.

  그들은 나를 따뜻하게 환영해 주었다.

- The wether started to warm up.

  날씨가 따뜻해지기 시작했다.

- The players are warming up for the match.

  선수들이 경기를 하기에 앞서 준비운동을 하고 있다.

- He is waiting for his car to warm up.

  그는 그의 차가 예열될 때까지 기다리고 있다.

- The audience began to warm up.

  관중들이 흥분하기 시작했다.

떠나다

leave [liːv], depart [dipáːrt] from, get away from

〈장소나 사람을 떠날 때〉

- I left home early this morning.

  나는 오늘 아침 일찍 집을 떠났다.

- I must leave now.

  나는 지금 떠나야 한다.

- It is time for us to leave.

  우리가 떠날 때가 됐다.

- You are not allowed to leave this house.

  당신은 이 집을 떠나서는 안 된다.

- I am leaving for Seoul tonight.

  나는 오늘밤 서울에 가려고 한다.

- I applied to take a few days' leave.

  나는 며칠간의 휴가를 신청했다.

- She is going to get away.

그녀는 휴가를 떠나려고 한다.

- She wants to get away from him.

그녀는 그에게서 떠나고 싶어한다.

- I want to get away from the group of gangs.

나는 갱단과 헤어지고 싶다.

- Go away!　떠나라!

- Go away now!　당장 가거라!

〈직장, 회사를 떠날 때〉

- He left the company without a notice.

그는 아무런 통보 없이 회사를 그만두었다.

- I am leaving my job for further study.

나는 공부를 더 하기 위해서 직장을 그만두려고 한다.

※ 전송하다 : to see someone off

- I have been to the station to see her off.

나는 그녀를 전송하기 위해서 역에 갔었다.

- Many friends gathered at the airport to see him off.

많은 친구들이 그를 전송하기 위해서 공항에 모였다.

로터리 사방이 엇갈린 여러 갈래의 길을 차가 돌아가게 한 도로를 의미한다.

(영)에서는 'roundabout [ráundəbàut]' 라 한다.

(미)에서는 'rotary [róutəri]' 또는 'traffic circle [sə́:rkl]' 이라 한다.

마음대로 하다, (결정권이 당신에게 있으니) 당신 마음대로 하다, (그것은 당신에게 맡겨진 것이니) 당신 뜻대로 하다, 당신하고 싶은 대로 하다

- Do as you please!

  당신하고 싶은 대로 하시오?

- Take(Have) your own way!

  당신 마음대로 하시오!

- You are the boss.

  (결정권이 당신에게 있으니) 당신 뜻대로 하십시오.

- It is up to you.

  (당신에게 맡겨져 있으니) 당신 마음대로 하십시오.

- It is at your disposal.

  (당신에게 맡겨져 있으니) 당신 뜻대로 하십시오.

- Help yourself, please!

  마음껏 드십시오!

마음에 드는, 좋아하는

(영) favourite [féivərit]라 하고, (미) favorite [féivərit]라 한다.

- What is your favourite song?

  당신의 애창곡은 무엇입니까?

- My favourite song is Dumangang.

  나의 애창곡은 두만강입니다.

- Which is your favourite restaurant?

  당신이 (가장) 좋아하는 식당은 어느 것입니까? (이름을 물을 때)

- Where is your favourite restaurant?

  당신이 (가장) 좋아하는 식당은 어디에 있습니까? (장소를 물을 때)

- What is your favourite dish?

  당신이 좋아하는 요리는 무엇입니까?

- My favourite dish is Bulgogi.

  불고기입니다.

※ 'most'를 'favourite'와 함께 쓰지 않는다.

This is my most favourite song. (×)

This is my favourite song. (○)

마침표 문장의 끝에 쓴다.

(영) 'full stop'이라 하고, (미) 'period [píəriəd]'라 한다.

※ 학교의 '수업시간'으로도 쓴다.

- The first period is English literature.

  첫 시간은 영문학 시간이다.

만나다

meet [miːt] : 우연히 만나다(아는 사람일 경우도 있고 모르는 사람일 경우도 있다), 용무보다는 '단순히 만나다'의 의미

- Pleased to meet you. = Nice to meet you. = Nice to have met you.

만나서 반갑습니다.

- We met at the corridor but passed each other without exchanging words.

우리는 서로 복도에서 만났는데, 아무 말 없이 지나쳤다.

- I'll meet you at the station.

역에서 만나자.

- Mary met me off the boat.

메리는 선착장까지 와서 나를 배웅했다.

- Tom met me at the airport.

톰은 공항까지 와서 나를 배웅했다.

- The two roads meet there.

두 길은 거기서 합쳐진다.

- She is the most gorgeous woman I've ever met.

내가 만난 여인 중에서 그녀가 가장 매력 있다.

see [siː] : 방문 또는 용무가 있어서 만나다

- You need to see a doctor.

당신은 (진찰 받으러) 의사에게 가봐야 된다

- Come and see me some time.

언제든지 오십시오.

- My sister-in-law wants to see you at her place tonight.

나의 형수는 당신을 오늘 저녁에 자기 집에서 만나기를 원한다.

come across [əkrɔ́ːs] : 뜻밖에 만나다

- I came across my old lover on the bus.

나는 버스 안에서 옛 애인을 만났다.

- My stepmother came across a valuable antique in a remote village.

나의 계모는 시골에서 값진 골동품을 우연히 발견했다.

encounter [inkáuntər] : 우연히 만나다, 직면하다

- Did you encounter a stranger in this corner a while ago?

  조금 전에 이 모퉁이에서 어떤 낯선 사람을 만났습니까?

- My cousin encountered financial difficulties.

  내 사촌은 재정난에 부딪쳤다.

- She had encountered her ex-husband in the pub.

  그녀는 전 남편을 퍼브에서 우연히 만났다.

만들다, 마련하다
make [meik]

- I made a decision.

  나는 결정을 했다.

- I would like to make a comment on your proposal.

  나는 당신의 제안에 논평을 하고 싶다.

- I will make a few phone calls now.

  나는 지금 몇 군데에 전화를 하겠다.

- I admit that I made a serious mistake.

  나는 내가 중대한 잘못을 했다는 것을 시인한다.

- The mechanized farming has made big changes to the rural life.

  기계농업은 농촌생활에 큰 변화를 가져왔다.

- They made imitation goods and sold them on the black market.

  그들은 모조품을 만들어서 암시장에 팔았다.

- They make hay to feed sheep in winter.

  그들은 겨울에 양에게 먹이기 위해서 건초를 만든다.

- Wine is made from grapes.

  와인은 포도로 만든다.

- I made a speech to the audience.

  나는 청중들에게 연설을 했다.

- It makes no difference.

그것은 다를 게 하나도 없다.

- My son made good marks at school.

  내 아들은 학교 성적이 아주 좋았다.

- Her novel will be made into a film.

  그녀의 소설은 영화로 만들어질 것이다.

- She is very social, so she makes friends easily.

  그녀는 대단히 사교적이어서 쉽게 친구를 사귄다.

- I make compost out of the grass cut by the lawn mower.

  나는 잔디를 깎아서 퇴비를 만든다.

- The goal of business is to make money as much as possible.

  기업의 목표는 가능한 한 많은 돈을 버는 것이다.

- Two and five makes seven.

  2 더하기 5는 7이다.

- I can't make it.

  나는 참석할 수 없다.

- I am unable to make it to your party.

  나는 당신의 파티에 참석할 수 없다.

- She takes a long time to make herself up.

  그녀는 화장을 하는 데 오래 걸린다.

만취된

drunk [drʌŋk] : 만취된, 고주망태가 된, 곤드레만드레 취한

- Last night I got drunken and couldn't remember how I got home.

  어젯밤 술에 만취되어 집에 어떻게 왔는지 모르겠다.

과음하다.

- After mum died dad started hitting the bottle.

  엄마가 죽은 후부터 아빠는 과음을 하기 시작했다.

※ 음주 운전 : drunken driving [dráiviŋ]

- He was summoned to appear in court on suspicion of drunk driving.

그는 음주운전 혐의로 법원에 출두명령을 받았다.

말하다, 이야기하다

speak [spiːk] : 무엇인가를 전달하기 위해서 말하다

- She wants to speak with you at once.

그녀는 당신과 즉시 이야기하기를 원한다.

- The baby tries to speak.

아기가 말을 해보려고 한다.

- My stepfather can speak Chinese and French.

나의 계부는 중국어와 불어를 할 줄 안다.

두 사람 이상이 대화할 때는 'speak' 대신에 'talk'를 쓴다.

The police officer was sitting near us as we were speaking. (×)

The police officer was sitting near us as we were talking. (○)

우리가 이야기하고 있을 때, 경찰관이 우리 옆에 앉아 있었다.

어떤 사람이 다른 사람과 대화할 때는 'speak to' 또는 'talk to'를 쓴다

(with도 쓴다).

He spoke to her yesterday.

= He talked to her yesterday. (○)

그는 어제 그녀와 이야기했다.

전화상으로 누군가와 통화하려고 할 때는 'speak'를 쓴다.

May I talk to Mary, please? (×)

May I speak to Mary, please? (○)

메리 좀 바꾸어 주십시오.

talk [tɔːk] : 생각, 개념, 감정을 말로 표현하다

- He was talking to (with) a friend.

그는 친구와 이야기하고 있었다.

- She talks over a cup of coffee.

그녀는 커피를 마시면서 환담한다.

- What are they talking about?

  그들은 무슨 이야기를 하고 있는가?

- Have you talked together?

  벌써 상담했습니까?

- She talks too much.

  그녀는 너무 말이 많아.

- I talked with her yesterday.

  나는 어제 그녀와 이야기했다.

- They talked about Korean food.

  그들은 한국음식에 대해서 이야기했다.

say [sei] : 일반적인 말을 하다

- They say that he is a very rich man.

  그들은 그가 갑부라고 말한다.

- Say hello to Mary.

  메리에게 안부를 전해 주십시오.

- I must say goodbye now.

  이제 가야 되겠습니다.

※ 다른 사람의 말을 바로 인용할 때

- "I enjoyed myself" she said.

  "대단히 즐거웠다."고 그녀는 말했다.

- I said, "Can I speak to Tom?"

  "톰 좀 바꾸어 주십시오." 라고 나는 말했다.

tell [tel] : 어떤 정보를 상대방에게 주다, 농담이나 이야기 등을 말하다, 상대에게 명령 · 지시 · 충고 등을 하다

- He told me a story.

  그는 나에게 이야기를 해주었다.

- He promised not to tell.

  그는 남에게 말하지 않겠다고 약속했다.

- He told me to be silent.

  그는 나에게 조용히 하라고 했다.

- He told the story to everybody he met.

  그는 만나는 사람마다 그 이야기를 했다.

- She told me that she had been to Korea.

  그녀는 한국에 가본 적이 있다고 내게 말했다.

- I told her what the policeman had said.

  나는 그녀에게 경찰관이 한 말을 이야기해 주었다.

Don't beat around the bush(=get to the point.)　요점을 말해라.

머무르다

stay [stei] : 주로 사람이 머물거나 체류할 때

- Stay here till I come back.

  내가 돌아올 때까지 여기 있으시오.

- You can stay with us.

  우리와 함께 (집에) 있어도 된다.

- He is staying at Bando Hotel.

  그는 반도 호텔에 체류하고 있다.

- How long will you stay in Seoul?

  서울에는 얼마 동안 있을 것입니까?

- I will stay at home all day.

  나는 하루 종일 집에 있을 것이다.

remain [riméin] : 주로 사람이나 물건이 형태나 성질을 바꾸지 않고 머물러 있을 때

- My mother-in-law remains young.

  나의 장모는 아직도 젊어 보인다.

- The situation remains unchanged.

상황은 변하지 않고 그대로다.

- You have to remain in hospital for a week for the medical treatment.

당신은 치료를 받기 위해서 일 주일 더 병원에 있어야 됩니다.

- They remained at peace.

그들은 평화를 유지하고 있다.

멈추다

stop + doing : 하는 것을 그만두다

stop + to do : 하기 위하여 멈추다

- He can't stop smoking.

그는 담배를 끊을 수 없다.

- He stopped to smoke.

그는 담배를 피우기 위해서 멈추었다.

- She can't stop drinking.

그녀는 술을 끊을 수 없다.

- I stopped studying because of illness.

나는 병으로 인하여 공부를 그만두었다.

- No one can stop her going out.

아무도 그녀의 외출을 막을 수 없다.

- I stopped my cheque.

나는 내 수표지불을 중지했다.

- The bank stopped payment.

은행은 지불을 거절했다.

- It has stopped raining.

비가 그쳤다.

- The rain had stopped and the sun shined.

비가 그치고 해가 났다.

- The engineman slowed the train almost to a stop.

  기관사는 기차의 속력을 줄여서 거의 멈춰 세웠다.

- There is a bus stop in front of my house.

  우리 집 앞에 버스 정류소가 있다.

- Her heart has stopped.

  그녀의 심장이 멎었다.

몇 시입니까?

– What' s the time?

= What time is it now?

= What time do you have?

= Do you have the time?(시간 있습니까?로 오해해서는 안 된다.)

모든 every [évri] : 단수
all [ɔ:l] : 복수

〈every와 all이 같은 뜻으로 쓰일 때〉

- Everyone desires to be rich.

  모든 사람이 부자가 되기를 원한다.

- All men desire to be rich.

  모든 남자들은 부자가 되기를 원한다.

- Every town has a library and a rugby ground in New Zealand.

= All towns have a library and a rugby ground in New Zealand.

  뉴질랜드의 모든 소도시에는 도서관과 럭비경기장이 있다.

- Every gun should be registered.

= All guns should be registered.

  모든 총기는 등록을 해야 한다.

〈every와 all이 다른 뜻으로 쓰일 때〉

- She does gardening every morning.

그녀는 매일 아침 정원을 손질한다.

- She did gardening all morning.

그녀는 오전 내내 정원을 손질했다.

- He takes a walk every morning.

그는 매일 아침 산책을 한다.

- He walked all morning.

그는 오전 내내 걸었다.

※ every 의 다른 뜻

- In New Zealand every third person has a car.

뉴질랜드에서는 세 사람당 한 대꼴로 차를 갖고 있다.

- I take a shower every other day.

나는 하루 걸러 한 번씩 샤워를 한다.

- I wish you every success.

아무쪼록 성공하기를 바랍니다.

무료의

free [friː]

- a free pass   무료 입장권 / 무료 승차권

- free service   무료 봉사

- a free clinic   무료 진료소

- This tea is free.   이 차는 공짜입니다.

- You can take it free. = You can take it free of charge.

그것을 그냥 가져도 된다.

- Children can have free school meals.

아이들은 학교 무료급식을 먹을 수 있다.

- Entry and participation is free.

입장료 및 참가비는 무료이다.

부사로 쓰일 때도 'free' 이다(not freely).

- Children can travel free on the buses.

아이들은 버스비가 무료이다.

- On Children Day, children can get into the zoo free.

어린이날에 어린이들은 동물원 입장이 무료이다.

무슨 일인가? 무엇이 잘못되었나?

- What is the matter with you?

= What is wrong with you?

= What is the trouble with you? / What is troubling you?

= What's going on?

= What's happening?

= What's up?

- What is the matter with the car?

차가 뭐 잘못되었는가?

- What is wrong with your computer?

컴퓨터가 잘못되었나?

- What is the trouble with the television?

텔레비전이 고장인가?

무엇을 할 것입니까? 이번 주말에 무엇을 할 것입니까?

- What are you up to this weekend?

= What are you doing this weekend?

= What do you plan to do this weekend?

문명, 문화

(영) civilisation라 쓰고 (미) civilization라 쓴다.(영국 영어와 미국 영어 사이의 철자가 다르다.)

영국 영어권 사람들 중에는 미국식 철자를 쓰는 것을 싫어하는 사람들이 있다.

특히, 무역 통신문, 이메일 등을 쓸 경우에 그 대상이 영국 영어권 나라일 때는 철자에 유의하는 것이 좋다. 이는 한국 내에 있을 때는 잘 모르지만, 외국에 나와 있으면 피부로 느낄 수 있다.

예) apoligise-apologize, civilise-civilize, equalise-equalize,
modernise-modernize, realise-realize, colonise-colonize,
sterise-sterize, vitalise-vitalize 등

문제

problem [prάbləm | prɔ́bləm] :인물이나 사정에 관한 어렵거나
  성가신 문제 등

- The main problem in this country is pollution.

  이 나라의 큰 문제는 공해이다.

- Solving unemployment is a very important problem.

  실업문제를 해결하는 것이 대단히 중요한 문제이다.

- The boy is a problem.

  저 아이는 문제아다.

- "Can you move it?" "No problem!"

  "그것 좀 옮길 수 있나요?" "문제 없습니다."

- The two countries are trying to sort out(= to solve) their trade problem.

  두 나라는 두 나라 사이의 무역문제를 해결하기 위하여 노력하고 있다.

- Taking more than the recommended dose can lead to serious problems.

  권한 양 이상으로 이 약을 먹으면, 심각한 문제가 일어날 수도 있습니다.

question [kwéstʃən] : 어떤 사람에게 말 또는 서면으로 묻다,
  의심스럽거나 불확실한 것을 물을 때, 또는 문제·질문

- The prime minister refused to answer the question on the new immigration policy.

  수상은 새 이민법에 대한 질문에 대답하기를 거절했다.

- The questions I reviewed last night came up in the exam.

  어젯밤에 복습한 문제들이 시험에 나왔다.

- They asked many questions about North-South Korea's relationship.

  그들은 남북한 관계에 대하여 여러 가지 문제를 물었다.

물건, 물체

object [ábdʒikt] : 보고 만질 수 있는 고정된 형태의 물건

- This oval object is made of wood.

  이 타원형의 물건은 나무로 만들어졌다.

- What is the object on the horizon?

  수평선 위에 보이는 물체는 무엇입니까?

goods [gudz] : 팔려고 만든 물건(상품, 제품)

- The Warehouse sells a wide range of consumer goods.

  웨어하우스(도매점 이름)는 다양한 종류의 소비자 상품을 팔고 있다.

- They are dealing mainly in electronic goods.

  그들은 주로 전자제품을 취급하고 있다.

thing [θiŋ] : 일반적인 물건, 일

- What are these things in your car?

  당신 차에 있는 이 물건들은 다 무엇입니까?

- The bread made of things like wheat, sugar, yeast, etc.

  빵은 밀, 설탕, 효모 등의 재료로 만들어진다.

- Last night a strange thing happened at the beach.

  간밤에 해변에서 이상한 일이 일어났다.

- How are things going in your newly-married life?

  당신의 신혼생활에 모든 일들이 잘되어 가고 있습니까?

미끄러지다

slide [slaid] : 술술, 매끈하게, 조용히 미끄러지다

- The snow slid off the roof.

눈이 지붕에서 미끄러져 내렸다.

- The runner slid into the second base.

주자가 2루에 미끄러지면서 진루했다.

- The children were sliding down the hill on a sledge.

아이들은 썰매를 타고 언덕을 미끄러져 내려갔다.

slip [slip] : 갑자기 미끄러져 몸의 중심을 잃다, 급히 조용히 빠져나가다

- Grandma slipped on the ice.

할머니가 빙판에 미끄러졌다.

- The painter slipped from the ladder and fell down.

페인트공이 사다리에서 미끄러져 땅에 떨어졌다.

- Watch your step so as not to slip.

미끄러지지 않도록 조심하십시오.

skid [skid] : 자동차 등이 진행 방향으로 가지 않고 옆으로 미끄러지다

- His car skidded on the icy road.

그의 차가 빙판에 미끄러져 나갔다.

- The car skidded while driving on a gravel road.

자갈길을 갈 때 차가 미끄러져 나갔다.

미루다, 연기하다

delay [diléi] : 계획했거나 예정되었던 일이 뒤로 미루어질 때

- I delayed my departure until tomorrow.

나는 출발을 내일로 미루었다.

- The coach was delayed for about one hour.

버스는 예정보다 한 시간 연착했다.

- The flight has been delayed two hours, due to weather conditions.

비행기는 기상 때문에 두 시간 연착했다.

postpone [poustpóun] : 어떤 행사가 처음 계획되었던 것보다 늦게 열리다

- The rugby games were postponed for a couple of days.

  럭비경기가 이틀 후로 연기되었다.

- The festival has been postponed till next Sunday.

  축제가 다음 일요일까지 연기되었다.

- His visit has now been postponed indefinitely.

  그의 방문은 무기 연기되었다.

미소, 웃음

smile [smail] : 입이 벌어지며 가끔 이가 보이게 웃다

- The baby is smiling at his mother.

  아기가 엄마를 보고 생글거리고 있다.

- When she saw me, she smiled and winked at me.

  그녀가 나를 보았을 때, 미소 지으며 윙크를 했다.

- The girl passing by was smiling at me.

  내 옆을 지나가던 소녀가 나를 보고 미소 지었다.

〈명사로 쓰일 때〉

- She welcomed me with a smile.

  그녀는 미소를 지으며 나를 맞았다.

- Whenever she meets me, she gives me a smile.

  그녀는 나를 만날 때마다, 나에게 미소를 보낸다.

서양 여자들의 대부분은 미소를 짓는 게 몸에 배어 있어서 회사, 사무실, 상점 또는 길에서 지나치는 낯선 사람에게까지도 살짝 미소를 짓는다.

이런 경우 자기에게 호감이 있어서 미소 짓는다고 오해는 금물!

laugh [læf] : 소리내며 유쾌하게 웃다

- He laughed with pleasure when he won the game.

그는 경기에 이겼을 때 기쁨에 차 웃었다.

- She laughed at me. 그녀는 나를 비웃었다.

- The comedy got a big laugh.

그 희극은 아주 웃겼다.

- Don't make me laugh!

웃기는 소리하지 마!(의견이 다를 때)

미숙한, 서툰, 솜씨 없는
clumsy, unskilled

- I am still a clumsy cook.

나는 아직도 요리가 서툴다.

- The strike seemed a clumsy attempt to increase wages.

임금인상 파업은 서툴게 시도한 것처럼 보였다.

- She is still clumsy with chopsticks.

그녀는 아직도 젓가락질이 서툴다.

- It is hard for the unskilled labourer to get a job.

미숙련 노동자는 일자리를 구하는 것이 어렵다.

- This special training is given to the unskilled workers.

이 특별 훈련은 미숙련 노동자들을 위한 것이다.

미워하다, 싫어하다
hate [heit] : 적의나 혐오의 감정을 품고 미워하거나 싫어하는 것

- We hate the dictator.

우리는 독재자를 미워한다.

- He was the most hated politician in this country.

그는 이 나라에서 가장 미움 받는 정치가였다.

- I hate to go alone. 나는 혼자 가기를 싫어한다.

- I hate to tell you this, but I have to leave tomorrow.

나는 이 말을 하기가 싫지만, 내일 떠나야만 합니다.

dislike [disláik] : 싫어하다, 좋아하지 않다

- I dislike her.　나는 그녀가 싫다.

- I dislike him drinking so much.

  나는 그가 과음하는 것을 싫어한다.

- She took a dislike to me after we had argued severely.

  그녀는 우리가 심하게 다툰 이후부터 나를 싫어했다.

믿다

believe [bilí:v]

- I believe the story is true.

  나는 그 이야기가 사실이라고 믿는다.

- I don't believe what he said.

  나는 그가 한 말을 믿지 않는다.

- I believe in a god but don't believe in ghosts.

  나는 신은 믿지만, 귀신은 믿지 않는다.

- I can't believe my eyes.(ears.)

  나는 내 눈을(귀를) 믿지 못하겠다.

- I believe him.　나는 그의 말을 믿는다.

- I believe in him.　나는 그의 인격을 믿는다.

바라다, 희망하다

hope [houp] : 어떤 일이 사실이거나, 가능하거나, 일어날 것이라고 기대하는 것

- I hope she will come tomorrow.

나는 그녀가 내일 오기를 바란다.

- I hope to see you again.

나는 당신을 다시 보기를 바랍니다.

- I hope the wind will stop soon.

나는 바람이 곧 그치기를 바란다.

- I hope to get a job within next week.

나는 다음주에 취직이 되기를 희망한다.

- I hope you will get well soon.

나는 당신이 곧 회복되길 바랍니다.

- He hasn't given up hope of being a doctor.

| 그는 의사가 되려는 희망을 포기하지 않았다.

want [wɑnt] : 원하다, 필요하다

- I didn't know exactly what she wanted to have.

나는 그녀가 무엇을 원했는지 정확히 몰랐다.

- Do you want another cup of coffee?

커피 한 잔 더 하시겠습니까?

- She wants her car red.

그녀는 붉은 색 차를 갖고 싶어한다.

- Do you want to stay here tonight?

오늘밤에 여기서 머무실 것입니까?

- You are welcome to stay tonight if you want.

원하신다면, 오늘밤 머물러도 좋습니다.

- I want my car back till tonight.

오늘밤까지 내 차를 돌려주기 바랍니다.

- He is one of the most wanted criminals in Korea.

그는 한국에서 최우선적으로 잡으려고 하는 수배자 중의 한 사람이다.

- She wants another baby.   그녀는 또 아기를 원한다.

wish [wiʃ] : 어떤 물건을 갖고 싶거나, 어떤 일을 하고 싶거나, 바람이 강할 때

- I will do whatever you wish.

나는 네가 원하는 것은 무엇이든지 하겠다.

- What do you wish of me?

나에게 무엇을 원합니까?

- I wish to master English.

나는 영어를 통달하고 싶다.

- The plan was made against the wishes of the local residents.

그 계획은 지역주민들의 바람과 상반되게 세워졌다.

- You can dress as you wish only on Friday.

금요일에는 당신이 입고 싶은 대로 입어도 된다.

- I wish I could fly.

날 수 있다면 좋을 텐데.

- I wish I were rich.

부자였으면 좋을 텐데.

- I wish it were not a dream.

그것이 꿈이 아니었으면 좋을 텐데.

- I wish you good luck.

행운을 빕니다.

- I wish you merry Christmas and a happy New Year.

즐거운 성탄과 근하신년을 바랍니다.

- Please give her my best wishes.

그녀에게 안부를 전해 주십시오.

바꾸다, 교환하다, 바뀌다

exchange [ikstʃéindʒ] : 다른 것과 교환하다, 바꾸다

- He exchanged letters with a Korean student.

그는 한 한국 학생과 편지를 교환했다.

- She exchanged Korean Won for New Zealand dollars.

그녀는 한국 돈을 뉴질랜드 돈과 바꾸었다.

- Rice was exchanged for bread.

쌀을 빵과 바꾸었다.

- They exchanged addresses.

그들은 서로 주소를 주고 받았다.

※ 환전(exchange) : 외국에 가면 환전할 일이 자주 있다(은행이나 환전상에 가서 쓰는 말들).

- Can you cash this cheque, please?

이 수표를 현금으로 바꾸어 주시겠습니까?

- Can you change Won into dollars?

  원화를 달러로 바꾸어 주시겠습니까?

- How do you want it?

  얼마짜리 권으로 드릴까요?

- What value notes do you want?

  무슨 권으로 드릴까요?

- Would you like large notes?

  고액권으로 드릴까요?

- Yes, please.

  예, 좋습니다.

(미) 지역에 가면 'note'를 'bill'로 바꾸어 쓰면 된다.

〔지폐를 (영)에서는 'note', (미)에서는 'bill'이라고 한다.〕

change [tʃeindʒ] : 바꾸다(근본적으로 바꾸다), 교환하다, 바뀌다

- It was hard for me to change my idea but now I am trying to change it.   내 생각을 바꾸는 것은 대단히 어려웠으나, 지금은 바꾸려고 노력을 하고 있다.

- Seoul has changed a great deal.

  서울이 크게 바뀌었다.

- She is a changed girl since her mother died.

  그녀는 엄마가 죽은 후 전혀 다른 소녀가 되었다.

- The rain changed to snow.

  비가 눈으로 바뀌었다.

- He changed the gear into low.

  그는 기어를 저속으로 바꿨다.

- (영) He changed down to third. / (미) He shift down to third.

  그는 기어를 3단으로 바꿨다.

- He changed into a uniform.

  그는 유니폼으로 갈아 입었다.

- He changed the dirty pants for a clean one.

　그는 더러운 바지를 깨끗한 것으로 갈아 입었다.

- She changed trains for Seoul.

　그녀는 서울로 가는 기차를 바꿔 탔다.

- He changed Won into dollars.

　그는 원화를 달러로 교환했다.

- He told the bellboy to keep the change.

　그는 벨 보이에게 잔돈을 갖도록 했다.

- Haven't you got any change?

　잔돈을 갖고 있으신지요?

- Please give me change for this ten-dollar note.

= Can you change me this ten-dollar note?

　이 10달러짜리 지폐를 잔돈으로 바꿔 주십시오.

convert [kənvə́:rt] : 바꾸다

- He converted the garage into a room.

　그는 차고를 방으로 개조했다.

- He converted to Catholicism last year.

　그는 작년에 카톨릭으로 개종했다.

- They convert sweet potatoes into alcohol.

　그들은 고구마를 주정으로 바꾼다.

alter [ɔ́:ltər] : (부분적으로) 바꾸다

- He altered his house into a store.

　그는 그의 집 일부를 상점으로 개조했다.

- That alters the story.

　그러면 이야기가 달라진다.

turn into [íntə] : (성질, 형태를) 변화시키다, 변질되다

- The rain turned into snow.

　비가 눈으로 바뀌었다.

- When water freezes it turns into ice.

물이 얼면 얼음으로 변한다.

- Water is turned into steam by heat.

물에 열을 가하면 증기로 변한다.

transform [trænsfɔ́ːrm] : (외형, 성질, 기능 등이) 완전히 바뀌다

- Your body transforms food into energy.

몸은 음식을 에너지로 바꾼다.

- A tadpole is transformed into a frog.

올챙이는 개구리로 변한다.

- She had transformed him from a child abuser into a devoted father.

그녀는 그를 어린이 학대자로부터 충실한 아버지로 변하게 만들었다.

swap [swɑp] : (물물) 교환하다, 사람과 사람을 바꾸다

- A hostage was swapped for a spy in custody.

한 인질이 구속중인 한 첩자와 교환되었다.

- They swapped rice for clothes.

그들은 쌀과 옷을 서로 교환했다.

- Both sides swapped their goal gates at half time.

그들 두 팀은 골문을 전반전이 끝나고 바꿨다.

맛이 바뀌다(변하다)

- It's gone off.

그것은 맛이 변했다.

- Food has gone off.

음식이 상했다.

- Beef has gone bad. / Beef went bad.

쇠고기가 변했다.

- The milk went bad. / The milk went sour.

우유가 변했다.

- This beer is stale. / This beer is flat.

| 이 맥주는 김이 빠졌다.

받다, 수령하다
receive [risíːv]

- I received your parcel yesterday.

  나는 당신 소포를 어제 받았다.

- He is suffering from the head injury received in the rugby game.

  그는 럭비 경기에서 입은 머리상처 때문에 고생을 하고 있다.

- The host received me courteously.

  주인은 나를 정중하게 맞아들였다.

- The receptionist received me indifferently when I entered the office.

  내가 사무실에 들어갔을 때 입구안내직원은 나를 무관심하게 대했다.

- My proposal has been well received by many delegates.

  내 제안은 많은 대표들로부터 좋은 반응을 얻었다.

- The control centre received an SOS call from a fishing boat.

  관제소에서는 한 어선으로부터 구조신호를 받았다. (an SOS)

- She received a good education.

  그녀는 좋은 교육을 받았다.

- We received him into a club.

  우리는 그를 클럽회원으로 받아들였다.

받아들이다, 수락하다
accept [əksépt]

〈어떤 사람의 조언이나 제의를 받아들일 때〉

- She proposed marriage to me.

  그녀는 나에게 청혼을 했다.

- I accepted her proposal.

- = I agreed to marry.

= I agreed to get married.

나는 결혼을 승낙했다.

accept a person : A가 B를 친구나 무리로 받아들였을 때

- They accepted you.

그들은 당신을 친구로 생각하게 되었다.

그러나 싫어하는 사람이기 때문에 받아들일 수 없을 경우에는 'cannot accept'
가 아니라, 'cannot stand' 또는 'cannot bear' 를 쓴다.

- He said he couldn't stand Tom.

그는 톰과 친할 수 없다고 말했다.

- I can't bear the sight of her.

나는 그녀의 꼴도 보기 싫다.(=아주 싫다.)

- She is the last woman I want to see.

그녀는 결코 내가 만나고 싶지 않은 여자이다.

[pronunciation [prənʌnsiéiʃən] : 발음]

영어를 할 때, 발음이 얼마나 중요한 것인지는 말할 필요가 없다. 다음에 있는 발음의 몇 가지 기본적인 사항을 염두에 두고 발음 연습을 해보자.

- 영어를 말할 때 가장 중요한 것은 악센트(강세)이다. 두 음절 이상의 말에서는 보통 한쪽의 음절이 다른 한쪽보다 강하게 발음된다. 단음절의 말에서는 모음이 강하게 발음된다.

악센트가 있는 음절은 강하고 길게, 악센트가 없는 음절은 희미하고 약하게 하여 강약의 리듬을 맞추어 발음해야 된다. 또한, 'f, g, l, r, th, v' 등의 발음에 유의해야 한다.

- 영어에서는 명사·형용사는 앞 음절에, 동사는 뒤 음절에 악센트가 오는 경우가 많다.

예) absent, conduct, contract, discount, export, import, increase, permit 등

- (영)의 RP에는 무성마찰음인 'f, s'의 앞에 오는 'a'는 [ɑ:]로 발음

한다.

(미)는 [æ]로 발음한다.

(*) 예)　　　laugh (영)　[lɑːf]　　　　　　(미)　[læf]

　　　　　　path　　　　[pɑːθ]　　　　　　　　 [pæθ]

　　　　　　grass　　　 [grɑːs]　　　　　　　　[græs]

　　　　　　half　　　　 [hɑːf]　　　　　　　　 [hæf]

- (영)의 RP에는 비음의 연속자음(nt, ns, ne, nd, mp) 앞에 오는 'a'는 [ɑː]로 발음한다. (미)는[æ]로 발음한다.

(*) 예)　　　plant　　(영)　[plɑːnt]　(미)　[plæːnt]

　　　　　　dance　　　　[dɑːns]　　　　[dæns]

　　　　　　branchb　　　[brɑːnt]　　　 [brænt]

　　　　　　demand　　　[dimáːnd]　　　[dimǽnd]

　　　　　　sample　　　 [sáːmpl]　　　　[sǽmpl]

　　　　　　castle　　　　[káːsl]　　　　　[kǽsl]

- (영)에서는 'o'를 [ɔ]로, (미)에서는 [ɑ]로 발음하는 것이 대단히 많다.

(*) 예) adopt, apology, approximate, atomic, body

　　　　bomb, collar, college, doctor, dollar

　　　　economy, follow, fond, god, hobby

　　　　holiday, job, jogging, knowledge, lodging

　　　　logic, model, modern, nod, nominate

　　　　obligation, operate, positive, rock, rocket

　　　　soccer, sock, spot, top, topic

　　　　volcano, voluntary 등

- t̚ 의 경우는, (미)에서는 악센트 있는 모음과 악센트 없는 모음 사이에 끼인 t̚는 혀끝이 이에 닿는 시간이 짧고 또 닿는 정도도 약하다. 그래서 motor[móutər]는 '모러'로, water[wɔ́ːtər]는 '워러' 처럼 들린다. 한국사람들 중에는 이를 너무 의식적으로 t̚ 없이 발음하는 사람들을 종종 볼 수 있다.

또 't'의 바로 앞에 'n'이 있으면, 위와 같은 현상으로 't'가 뚜렷하게 들리지 않는 경우가 있다. 예를 들면, 'center'는 '세너'로, 'twenty'는 '트웨니'처럼 들린다.

배우다

learn [ləːrn] : 연습이나 공부로 지식이나 기술을 배우는 것

- I helped him learn how to use the computer.

  나는 그가 컴퓨터 사용법을 배우는 것을 도와 주었다.

- She learned to play the piano.

  그녀는 피아노 연주법을 배웠다.

- He learned to drive a car.

  그는 자동차 운전을 배웠다.

- She is going to learn English.

  그녀는 영어를 배우려고 한다.

study [stʌdi] : 시간과 노력을 들여서 특정 과목을 배우는 것

- I studied Chinese at Victoria University.

  나는 빅토리아 대학에서 중국어를 공부했다.

- He came to New Zealand to study English literature.

  그는 영문학을 공부하러 뉴질랜드에 왔다.

- She studies law to be a lawyer.

  그녀는 변호사가 되기 위해서 법률공부를 한다.

pick up : 노력이나 시간을 들이지 않고 습득하거나 배우는 것

- Where did you pick up your English?

  너는 어디서 영어를 그렇게 배웠냐?

be taught : '~에게 ~을 배우다'라고 할 때는 'learn'을 쓰지 않고 be taught를 쓴다.

- He taught me how to drive.

그는 나에게 운전을 가르쳐 주었다.

또는 I was taught by him how to drive.

나는 그에게서 운전을 배웠다.

- I was taught Chinese by him.

나는 그에게서 중국어를 배웠다.

- I learned from him how to drive. (잘 쓰지 않음)

버스

bus [bʌs] : 승객을 태우고 다니는 일반 버스

(영) coach [koutʃ] : 관광버스나 고속버스 같은 대형버스를 말한다.

일반적으로 시내버스든 관광버스든 모두 버스로 알고 있는 한국 사람들에게는 'coach'란 말이 다소 낯설다.

벌금을 물다

be fined [faind]

- Dog owners who do not clean up if their dogs foul in public places can be fined 200 dollars.

공공장소에서 애완견이 배설을 했을 때 개주인이 그것을 치우지 않으면 200달러의 벌금이 부과된다.

- He was fined 100 dollars because of speed and banned from driving for three months.

그는 과속으로 100달러의 벌금을 물었으며, 3개월간 운전면허가 정지되었다.

범하다, 저지르다

commit [kəmít]

- He has committed adultery with a married woman.

그는 유부녀와 간통을 했다.

- The boy tried to commit suicide by hanging.

그 소년은 목을 매 자살하려고 했다.

- The extremist is the real criminal, who has committed murder.

그 과격론자가 살인을 한 진범이다.

변호사

lawyer [lɔ́:jər] : 일반적으로 변호사를 말한다(법정변호사 겸 사무변호사)

barrister [bǽristər] : 법정변호사(송사를 취급하는 변호사)

solicitor [səlísitər] : 사무변호사(법률관계 사무만을 취급하는 변호사)

attorney [ətə́:rni] : 법정 및 사무 변호사

the Bar : (영)에서는 법정변호사(barrister)직을 뜻하며, (미)에서는 일반적인 변호사(any kind of lawyer)직을 뜻한다.

병

illness [ílnis] : 주로 일반적인 병을 뜻한다

- He has suffered from a long illness since he moved to the country.

그는 시골로 이사한 후 지병을 앓고 있다.

disease [dizí:z] : 병균이나 감염으로 인하여 사람, 동물, 식물이 걸리는 병

- She has a rare lung disease.

그녀는 희귀한 폐병에 걸려 있다.

- A cattle disease is spreading nationwide.

소병이 전국으로 번지고 있다.

※ Foot and Mouth disease : 구제역

병든, 아픈

ill [il] : 병이나 건강 따위로 아프다

sick [sik] : 보통 신체적인 아픔을 말하나, 때로는 정신적인 아픔도 뜻한다

- Tom is ill.

  톰은 아프다.

- Mary is very sick.

  메리는 매우 아프다.

- Mother took her sick baby to the hospital.

  엄마는 아픈 아기를 병원으로 데려갔다.

  ※ 'be sick'은 토하는 것을 뜻한다. 이때 'be'는 'be 동사'를 뜻하는 것이 아니므로 주의해야 한다. 반드시 'be'이어야 한다.

- I think I'm going to be sick.

  나는 토할 것 같다.

- Tom is being sick.   톰은 토하고 있다.

  ※ Tom is sick.   톰은 아프다.

몸살

- I am suffering from fatigue.

  나는 몸살이 났다.

- You need to take a good rest.

  당신은 푹 쉬어야 한다.

보내다, 발송하다

send [send]

- My daughter send me a letter every week from London.

  내 딸은 런던에서 나에게 매주 편지를 보낸다.

- He sent me an invitation for dinner.

  그는 나에게 저녁식사 초대장을 보냈다.

- I sent her a bunch of flower with a card.

나는 그녀에게 꽃 한 다발과 카드를 보냈다.

- He sent his son to a polytech to learn cookery.

  그는 그의 아들이 요리를 배우도록 기술대학에 보냈다.

- A fishing boat sent an SOS.

  한 어선이 SOS를 보냈다.

- I sent goods by rail.

  나는 철도편으로 물건을 보냈다.

- I sent her home.

  나는 그녀를 집으로 돌려보냈다.

- Send a line.

  소식 좀 보내라.

- The boy had been sent down for smoking.

  그 소년은 흡연 때문에 쫓겨났다.

- I have sent for the doctor.

  나는 의사를 부르러 보냈다.

- Applicants are asked to send in a CV, a covering letter and a photo.

  지원자들은 이력서, 소개서와 사진 한 장을 동봉해서 보내야 합니다.

보다, 보이다
see [siː] : 눈으로만 보고 인지하다

- I can see a bird flying in the sky.

  나는 공중에 날고 있는 새를 볼 수 있다.

- I saw that your car was parked in the corner.

  나는 당신 차가 모퉁이에 주차된 것을 봤다.

- My grandpa can see and hear well.

  할아버지께서는 잘 보시고 들으실 수 있다.

- He went to Seoul to see the Olympics.

  그는 올림픽을 보기 위해서 서울에 갔다.

- I saw a cat crossing the road.

나는 고양이가 길을 건너는 것을 보았다.

look [luk], look at : 시선을 돌려서 보다

- She looked at me carefully.   그녀는 나를 찬찬히 보았다.

- He turned to look at her.   그는 고개를 돌려 그녀를 보았다.

- My daughter looks to be happy.   딸은 즐거워 보인다.

- You must ask yourself how your tattoo will look in ten years time.

당신은 당신의 문신이 10년 후에 어떻게 보일지를 잘 생각해 봐야 한다.

- They looked down on him because he is poor.

그들은 그가 가난하다고 경멸했다.

watch [wɑtʃ | wɔtʃ] : 주의 깊게 얼마 동안을 지켜보다

- I am watching a tennis game on television.

나는 텔레비전에서 테니스 경기를 보고 있다.

- I didn't know that I was being watched.

나는 감시당하고 있는 줄 몰랐다.

- Please watch this luggage for a while.

잠시만 이 짐을 봐 주십시오.

- Watch what he is doing.

그가 무엇을 하는지 잘 보아라.

- The man standing behind a tree is watching me.

나무 뒤에 있는 사람이 나를 지켜보고 있다.

- My wife is spending a great deal of time watching the Korean videos.

아내는 한국 비디오를 보느라고 많은 시간을 보내고 있다.

- He is being kept under watch by the security guard.

그는 경비원에게 감시당하고 있다.

보이다, 나타내다
show [ʃou]

- An opinion poll shows that the opposition leader's popularity increased by 3% more than last month.

  여론조사는 야당 당수의 인기가 지난 달보다 3퍼센트 증가했음을 보여 준다.

- This graph shows the annual rainfall of all parts of the country.

  이 도표는 각 지방의 연중 강우량을 나타낸다.

- She showed me her family's picture.

  그녀는 나에게 그녀의 가족사진을 보여 주었다.

- He showed me the way to the train station.

  그는 나에게 기차역으로 가는 길을 가르쳐 주었다.

- She showed us how to make banana cakes.

  그녀는 우리에게 바나나 케이크를 만드는 법을 보여 주었다.

- The trader showed much interest in Chinese herbal tea.

  장사꾼은 중국 엽차에 큰 관심을 보였다.

- His gesture was more for show than for real.

  그의 행동은 실제보다는 보여 주기 위한 것이었다.

- The dairy business showed a considerable profit this year.

  낙농품 장사는 금년에 상당한 이익을 나타냈다.

- She didn't show up at the party. 그녀는 파티에 나타나지 않았다.

- My old granny was showing off her antique to the visitors.

  나의 할머니께서는 방문객들에게 골동품을 자랑하셨다.

보석, 보석상

jewellery, jeweller는 불가산 명사이므로 복수는 쓰지 않는다.

(영) 보석 : jewellery [dʒúːəlri]

(미) 보석 : jewelry [dʒúːəlri]

(영) 보석상 : jeweller [dʒúːələr] 또는 jewller's

(미) 보석상 : jeweler [dʒúːələr] 또는 jewler's

(영)(미) 간에는 이런 유의 철자상 다른 단어가 많이 있다.
travell-travel(동사일 때), cancell-cancel(동사), equall-equal(동사),
levell-level(동사), marvell-marvel(동사) 등

(~으로) 보이다, ~인 것 같다, ~하는 것 같다
seem [siːm]

- Everyone seems in a hurry to go to work.

  모든 사람들이 출근하느라고 바쁘게 보인다.

- 15 dollars seem a lot to pay for lunch.

  점심 값으로 15달러를 지불하는 것은 좀 많은 것 같다.

- His record seemed beyond reach.

  그의 기록은 아무도 따를 수 없는 것같이 보였다.

- It seems that the explosion was very carefully planned to destroy
  the building.

  폭발은 그 건물을 파괴하기 위해서 면밀하게 계획된 것 같았다.

- It seems clear that he was not involved in the robbery.

  그가 그 강도사건에 관련하지 않았다는 것은 확실한 것 같다.

- It seemed as if he had committed suicide.

  그가 마치 자살한 것 같다.

- I seem to have lost my temper at that time.

  나는 그때 울화통이 터진 것 같다.

- He seemed to have contracted a contagious disease of cholera.

  그는 콜레라에 걸린 것 같다.

- No matter how hard I try I can't seem to pass the exam.

  내가 아무리 열심히 공부를 하더라도 시험에 합격할 수 없을 것 같다.

- She was so sad that she couldn't seem to stop crying.

  그녀는 너무 슬퍼서 울음을 그칠 수가 없었다.

부족한, 모자라는, 결핍된
lack [læk] : 충분하지 않거나 전혀 없는 것

- Despite her lack of teaching experience, she is teaching well.

  그녀는 가르친 경험이 부족함에도 불구하고, 잘 가르치고 있다.

- Lack of rest made him sleepy.

  휴식이 부족해서 그는 졸렸다.

- His car lacks the engine power.

  그의 차는 엔진 힘이 모자란다.

- There is no lack of food for us to survive for a week.

  우리가 일 주일 동안 사는 데 필요한 식품이 부족하지 않다.

분리하다
separate [sépərèit] : 함께 있는 것을 떼어 놓다

- In my bank I have a business account separate from my personal one.

  나는 은행에 개인구좌와 별도의 회사구좌도 갖고 있다.

- Men and women have separate toilets.

  남자와 여자는 각각 다른 화장실을 사용한다.

- They separated recently.

  그들은 최근에 별거했다.

- Oil separates from water.

  기름은 물로부터 분리된다.

- This wire fence separates our farm land from his one.

  이 철사울타리는 우리 농장과 그의 농장을 분리하고 있다.

- The teacher separated the two boys who were fighting.

  선생님은 싸우고 있는 두 학생을 떼어 놓았다.

- The children all sleep in separate beds.

아이들은 모두 각기 다른 침대에서 잔다.

divide [diváid] : 작은 부분으로 나누다, 할당하다

- The cook divided the soup among 3 bowls.

주방장은 국을 세 그릇으로 나누어 담았다.

- Korea was divided by the super powers.

한국은 강대국에 의해서 분할되었다.

- 10 divided by 2 is 5.

10을 2로 나누면 5이다.

- The students divided up into small groups to discuss the subject.

학생들은 그 주제를 토의하기 위해서 소그룹으로 나누어졌다.

- Mum divided a watermelon into two.

엄마는 수박을 두 쪽으로 갈랐다.

- How did they divide up the profits?

그들은 이익을 어떻게 분할했는가?

비교하다

compare [kəmpέər] with

- He compared New Zealand wine with French ones.

그는 뉴질랜드 와인과 프랑스 와인을 비교했다.

- Our butter compares favourably with that of other countries.

우리의 버터가 다른 나라의 것보다 질이 좋다.

- They compared Seoul with other large cities.

그들은 서울을 다른 큰 도시와 비교했다.

- The report is based on a comparison between the rich and the poor.

보고서는 빈부의 비교를 바탕으로 하고 있다.

- His room was larger compared with mine.

그의 방은 내 방에 비해서 크다.

compare to : 비유하다, 비슷하다, 대조를 이루다

- They compared Seoul to Los Angeles.

  그들은 서울과 L.A.를 비교해서 비슷하다고 했다.

- Life is compared to a sea voyage.

  인생은 항해에 비유된다.

- Her car is smaller compared to his one.

  그녀의 차는 그의 것보다 작다.

비밀의, 은밀한, 눈에 보이지 않는
secret [síːkrit]

- A suicide squad has been training at a secret place.

  자살특공대는 비밀장소에서 훈련을 받고 있다.

- She is enjoying a secret love with him.

  그녀는 그와 은밀한 사랑을 즐기고 있다.

- I don't want anyone to know about my secret.

  나는 내 비밀에 대하여 누구라도 아는 것을 원하지 않는다.

- I think the secret of success is being honest and working hard.

  내 생각에 성공의 비결은 정직하고 열심히 일하는 것이다.

- Scientists have been discovering the secrets of the universe one by

  one. 과학자들이 우주의 비밀을 하나하나 벗겨 가고 있다.

- I am contacting her secretly. 나는 그녀와 비밀리에 접촉하고 있다.

- She is a woman who could never keep a secret.

  그녀는 비밀을 절대로 못 지키는 여인이다.

빈, 비어 있는, 공허한
vacancy [véikənsi], vacant : 자리가 비어 있는, 빈 방이 있는, 사용되지 않은

- Vacancy : 빈 방이 있음, No vacancy : 빈 방이 없음

(hotel이나 motel 등의 입구에 쓰여 있다.)

- There is a vacancy in this motel.

  이 모텔에는 빈 방이 있다.

- There are vacancies in the freezing works.

  이 냉동 공장에는 일자리가 있다.

- The coach has many vacant seats left.

  버스에는 빈 자리가 많이 남아 있다.

- There are many vacant building in this city.

  이 도시에는 비어 있는 건물이 많이 있다.

- She is sitting on the bench with a vacant look.

  그녀는 멍한 얼굴로 벤치에 앉아 있다.

empty [émpti] : 장소, 차, 용기 등에 아무것도 없는, 공허한

- The house was bare and empty.

  집은 세간도, 사람도, 아무것도 없이 비어 있었다.

- He always issues empty promises.

  그는 항상 공허한 약속만 한다.

- He pays me in empty words.

  그는 나에게 빈말만 한다.

- You can use this empty box for packing.

  이 빈 상자를 포장하는 데 사용해도 된다.

- I feel my life is empty.   나는 내 인생이 공허하다고 느낀다.

- I feel empty.   나는 시장기를 느낀다.

- I empty our dustbin once a week.

  나는 우리 집 쓰레기통을 일 주일에 한 번씩 비운다.

메 모

사라지다, 자태를 감추다, 소멸되다, 없어지다, 실종되다
disappear [dìsəpíər] : (위치가 바뀌어) 보이던 것이 안 보이게 되다

- A tourist disappeared in the bush.

  한 관광객이 숲 속에서 실종됐다.

- The car disappeared in the darkness.

  차가 어둠 속으로 사라졌다.

- The airliner disappeared from sight.

  비행기는 시야에서 사라졌다.

- He found that a can of paint had disappeared from the shed.

  그는 창고에 둔 페인트 한 통이 없어진 것을 알았다.

사람, 사람들
people [píːpl] : 사람들(복수). 남자, 여자, 아이들 모두를 말한다

- Many people have lost their homes and cattle by the flood.

많은 사람들이 홍수로 집과 가축을 잃었다.

- More than 1000 people attended the meeting.

  집회에는 1000명 이상의 사람들이 모였다.

- Hundreds of old people are suffering from starvation.

  수백 명의 노인들이 굶주림에 떨고 있다.

- Many European people took part in the Asian 2000 Festival.

  많은 유럽 사람들이 아시아 2000 축제에 참가했다.

person [pə́:rsən] : 단수로서 사람(남자, 여자, 아이 각 개인을 말한다). 복수는 문어에서 많이 사용한다

- He is a very important person(VIP).

  그는 대단히 중요한 인물이다.

- She is the only person in the village who can speak Chinese.

  그녀는 이 마을에서 중국어를 할 줄 아는 유일한 사람이다.

- 50 persons were killed in the train crash.

  기차 충돌사고로 50명이 사망했다.

사업, 실업, 장사, 직업, 용건 등

business([bíznis] : 발음에 주의할 것) 사업, 상업, 장사, 거래 등의 뜻

- There are good profits to be made in the restaurant business.

  음식점을 하면 돈을 많이 벌 수 있다.

- Business is booming.

  장사가 활기를 띠고 있다.

- Business is beginning to pick up.

  판매가 회복되기 시작했다.

- The majority of small businesses went broke last year.

  소규모 기업이 작년에 많이 도산했다.

- You can't stay in business without credit.

신용 없이는 장사를 계속해 나갈 수 없다.

- I do business with him.

  나는 그와 거래를 하고 있다.

* 용건, 일, 관심사 등의 뜻

- I have still some business to deal with him.

  나는 아직도 그와 처리할 일들이 남아 있다.

- You have no business to be here at all.

  당신은 여기에 올 아무 자격이 없다.

- My love affair is my own business.

  내 애정문제는 내가 알아서 할 일이다.

- It is not your business.

  네 일 아니니 관심 갖지 마라.

- It is none of your business.

  참견하지 마. 네 일이나 잘해.

외국에 가면, 외국인들로부터, '여기에 어떻게 왔습니까?', '사업차 왔습니까?', '놀러 왔습니까?' 등의 질문을 많이 받는다.

- Are you here for business or pleasure?

  사업차 왔습니까? 놀러 왔습니까?

- What is your business here?

  어떤 일로 왔습니까?

- I am here on business.

  사업차 왔습니다.

- I am here for business.

  사업 관계로 왔습니다.

- I am here for studying.

  공부하러 왔습니다.

- I am here for pleasure.

놀러 왔습니다.

- I am here for sightseeing.

관광차 왔습니다.

* 회사, 상점, 공장 등의 뜻

- He set up a printing business.

그는 인쇄소를 차렸다.

- This company is a family business.

이 회사는 가족 회사입니다.

- He handed me his business card.

그는 내게 명함을 주었다.

※ 명함 : business card

사업, 거래, 장사, 무역

trade [treid]

- Korea has a long history of trade with China.

한국은 오랫동안 중국과 무역을 했다.

- I have had 30 years of experience of foreign trade.

나는 30년의 무역경험이 있다.

- He has been trading in the oriental medicine for 10 years.

그는 한약재 장사를 10년간 하고 있다.

trade in : 헌것을 주고 새것을 살 때 헌것 값을 할인해서 새것을 사는 것.

다시 말해서 웃돈을 주고 새것을 사는 것

- She traded in a used car for a new model.

그녀는 헌 차를 주고 새 모델의 차를 (웃돈을 주고) 샀다.

- He traded in a used washing machine for a new one.

그는 헌 세탁기를 주고 새것을 (웃돈을 주고) 샀다.

살찐, 뚱뚱한 여러 가지 말들이 있다. 단, 형용사이기 때문에 뒤에 명사를

붙이면 된다.

fat [fæt] : 살찐   예) a fat woman

> stocky [stáki] : 땅딸막한
>
> cuddly [kʌdli] : 꼭 껴안고 싶은, 귀여운, 포동포동 살찐, 불룩한, 부드러운
>
> buxom [bʌksəm] : (주로) 포동포동한, 토실토실한, 가슴이 불룩한
>
> chubby [tʃʌbi] : (주로 어린아이) 토실토실 살이 찐
>
> portly [pɔ́ːrtli] : (주로 중년남자) 살찐, 당당한
>
> overweight [óuvərwèit] : 지나치게 뚱뚱한

반대말

> thin [θin] : 야윈, 지방질이 적은
>
> lean [liːn] : 야윈(보기에 강인하고 건강해 보인다.)   예) 육상선수
>
> slender [sléndər] : 날씬하고 우아한
>
> skinny [skíni] : 너무 야윈, 가죽만 남은
>
> slim [slim] : 호리호리한, 늘씬한

상처

bruise [bruːz] : 타박상, 멍

> - How did you get that bruise on your leg?
>
> 다리에 멍은 어떻게 들었니?
>
> - I had only bruised my hand.
>
> 단지 손에만 타박상을 입었다.
>
> - Your tomatoes have many bruises on the skin.
>
> 당신네 토마토는 껍질에 흠이 너무 많다. (그래서 살 수 없다.)
>
> - His feelings bruise easily.
>
> 그는 쉽게 감정을 상한다.

injure [índʒər] : (사람이나 동물) 상처를 입다, 손상시키다, 다치다

> - The earthquake killed 100 people and injured 200.
>
> 지진이 나서 100명이 죽고, 200명이 다쳤다.

- He recently injured his left leg in a car accident.

  그는 최근에 자동차 사고로 왼쪽 다리를 다쳤다.

- Many passengers were badly injured by the train crash.

  많은 승객들이 기차 충돌사고로 심하게 다쳤다.

- The rescue helicopter took the injured to the hospital.

  구조 헬리콥터가 다친 사람을 병원으로 후송했다.

- No one could compensate for my injured pride.

  아무도 나의 상처받은 자존심을 배상해 줄 수 없다.

stab [stæb] : (칼 따위로) 찌르다, 해치다

- A psychiatric patient stabbed the doctor in the leg.

  한 정신병 환자가 칼로 의사의 다리를 찔렀다.

- He was stabbed to death in a brutal attack.

  그는 잔인한 공격으로 칼에 찔려 죽었다.

- He stabbed her in the back.

  그는 그녀를 배신했다.

wound [wu:nd] : (주로 총, 칼, 무기 등으로) 부상, 상처를 입다, 마음의 상처

- Five soldiers are wounded in the battle.

  군인 5명이 전투에서 부상을 입었다.

- The wounded boy was taken to the hospital.

  다친 소년이 병원으로 후송됐다.

- He was deeply wounded by the notice of redundancy.

  그는 해고통지서를 받고 마음에 상처를 몹시 받았다.

hurt [hə:rt] : 신체나 마음에 상처를 내다, 다치다

- He was seriously hurt in the car accident.

  그는 자동차 사고로 심하게 다쳤다.

- She had hurt her leg in jumping.

  그녀는 뛰어오르다가 다리를 다쳤다.

- My back bone hurts when I sit down.

　나는 앉을 때 등뼈가 아프다.

- He seems not to be badly hurt.

　그는 심하게 다치지는 않은 것 같다.

- I don't want to hurt her. I only want to comfort her.

　나는 그녀를 마음 상하게 하려는 것이 아니다. 단지 위로하고 싶을 뿐이다.

- I am afraid of hurting her feeling.

　나는 그녀의 감정을 상하게 할까봐 염려된다.

색, 빛깔, 안료 등

(영)에서는 colour [kʌlər]로, (미)에서는 color로 쓴다.

　(영)에서는 '- our', (미)에서는 '- or' 로 쓰는 차이가 있다. 따라서 편지
나 글을 쓸 때 지역에 따라 다르게 사용하는 것이 좋다.

　이러한 예로는 favour-favor, harbour-harbor, labour-labor 등이 있다.

(~라) 생각하다, ~라 여기다

think [θiŋk]

- I think that it is true.

　나는 그것이 사실이라고 생각한다.

- Do you think I have to go to Seoul?

　당신은 내가 서울에 가야 한다고 생각합니까?

- Yes, I think so. / No, I don't think so.

　예, 그렇게 생각합니다. / 아니오, 그렇지 않다고 생각합니다.

- What do you think my proposal?

　내 제안에 대해서 당신은 어떻게 생각합니까?

- I will think what I can do for you.

　나는 당신을 위해서 무엇을 할 수 있는지를 생각해 보겠습니다.

- We have to think how we can cross the river.

우리는 강을 어떻게 건너야 하는가를 생각해야 한다.

- I am trying to think of her name.

  나는 그녀의 이름을 생각해 내려고 애쓰고 있다.

- Tigers are thought of as being very holy in Korea.

  한국에서는 호랑이가 영물이라고 여겨지고 있다.

- She thinks that everyone likes her.

  그녀는 모든 사람들이 그녀를 좋아한다고 생각하고 있다.

- I am thinking about moving overseas.

  나는 해외로 이주를 해볼까 생각중이다.

- I can't think of the proper expression.

  나는 적절한 표현을 생각할 수 없다.

선택하다, 고르다, 뽑다

choose [tʃuːz] : (사람이나 물건) 여럿 중에서 갖고 싶은 것, 하고 싶은 것을 정하는 것

- We are able to choose our leaders in election.

  우리는 우리의 지도자를 선거에 의해서 뽑을 수 있다.

- You can choose whatever you like.

  당신이 원하는 것이면 무엇이든지 고를 수 있다.

- They chose him for their group leader.

  그들은 그를 그들 그룹의 지도자로 선출했다.

pick and choose : 신중히 고르다, 선발하다

- We can't pick and choose the car registration number.

  우리는 자동차 등록번호를 고를 수 없다.

- We can pick and choose a telephone number from the several numbers given by the operator.

  우리는 교환수가 준 전화번호 중에서 한 번호를 신중히 고를 수 있다.

elect [ilékt] : 선거로써 뽑다

- They voted to elect a new president.

  그들은 새 대통령을 뽑기 위해서 투표를 했다.

- The committee elected her as chairwoman.

  위원회는 그녀를 회장으로 뽑았다.

- He was elected to congress in the last election.

  그는 지난번 선거에서 국회의원으로 선출되었다.

- The president-elect takes office in January.

  대통령 당선자는 1월에 취임을 한다.

choice [tʃɔis] : 원하는 것 한 가지를 고르다

- There is a wide choice of candidates in the local election.

  지방선거에서는 후보자들의 선택의 폭이 넓다.

- Let her have the first choice.

  그녀가 제일 먼저 고르도록 합시다.

- She married the man of her choice.

  그녀는 자기가 선택한 남자와 결혼을 했다.

- He has little choice (no choice) but to accept her proposal.

  그는 그녀의 청혼을 받아들이지 않을 수 없다.

소개 및 인사

* 모르는 사람과의 소개 및 인사

갑 : May I introduce you to Mary?

메리에게 소개시켜 줄까요?

This is Tom. He is a friend of mine.

이 사람은 톰입니다. 내 친구입니다.

톰 : How do you do, Mary? I am pleased to meet you.

메리, 안녕하십니까? 만나서 반갑습니다.

메리 : How do you do, Tom? I am glad to meet you, too.

톰, 안녕하세요? 저 역시 만나서 반갑습니다.

* 아는 사람과의 인사

    - How are you?

    = How's everything going?

    = How are you doing?

    = How are you getting along?

    = How have you been?

    안녕하십니까?

    - Hi, fine, thank you. And you?

    예, 별일 없습니다. 당신은?

    - I'm fine, too, thanks.

    잘 지냅니다. 감사합니다.

* 오랜만에 만났을 때

    - I haven't seen you for a long time.

    = It's been a long time.

    = Long time no see.

    = It's a long time since I met you last.

    오랜만이네.

    - It's really nice to see you again.

    다시 만나서 정말 반갑네.

    - I've been looking forward to meeting you.

    만나고 싶었네.

    - What are you doing?

    그래 어떻게 지내고 있는가?

    - The same as usual. And you?

    난 여전하네. 자네는?

    - Well, I've been pretty busy. I've started a new business.

    그래, 난 무척 바빴네. 새로운 사업을 시작했거든.

    - I will keep in touch with you by letters and telephone.

편지와 전화로 연락하겠네.

- Do you keep in touch with your old friends?

  옛 친구들과 연락을 하고 있는가?

손님, 단골, 고객

customer [kʌ́stəmər] : 가게 같은 곳에서 물건을 사가는 손님
이나 단골을 의미한다

- She is one of the regular customers of New World Supermarket.

  그녀는 뉴월드 슈퍼마켓의 단골이다.

client [klɑ́iənt] : 변호사 같은 전문가나 전문기관으로부터 서비
스를 받고 그 대가로 돈을 지불하는 고객이나 단골을 의미한다

- This law firm has many Korean clients.

  이 법률회사에는 한국인 고객들이 많다.

※ customer, client 이 둘의 구별을 잘 못하는 사람들이 많다.

수의사 : an animal doctor

(영) a vet, a veterinary surgeon   (미) a veterinarian

수표

(영) cheque [tʃek] 라고 한다.

(미) 수표를 check [tʃek] 라고 하는데, 식당의 계산서도 check라
고 한다.

숙소에 들어가다 ↔ 숙소에서 나가다

check in / check out

- They checked in the hotel already.

  그들은 이미 호텔에 들어 왔다.

- I rang the hotel and told them I will check in tomorrow.

나는 호텔에 전화해서 내일 들어간다고 했다.

- I will check out of the hotel afternoon.

나는 오후에 호텔에서 나올 것이다.

술집

bar [bɑːr] : 술을 사서 마시는 곳

(영)에서 'Bar' 는 Pub, 호텔, 클럽하우스 안에 있는 술집을 말한다.
하지만 (미)에서 'Bar' 는 주로 술집을 말한다.

습관, 버릇, 습성, 관습

habit [hǽbit] : 개인적으로 특별한 이유 없이 가끔 하는 습관이
나 버릇

- He has a habit of sucking his thumb very often.

그는 자주 그의 엄지손가락을 빠는 버릇이 있다.

- The boy has a habit of shaking his legs while he is watching TV.

소년은 텔레비전을 보면서 다리를 떠는 버릇이 있다.

- He became a pickpocket in order to pay for his drug habit.

그는 습관성 마약 값을 벌기 위해서 소매치기가 되었다.

- She has a bad habit of talking on the telephone for long time.

그녀는 장시간 통화하는 나쁜 버릇이 있다.

custom [kʌ́stəm] : 어떤 특별한 경우나 시기에 사람, 단체, 사
회 등이 하는 습관, 풍습 또는 관습

- The immigrants have to try to adapt the foreign customs.

이민자들은 외국의 습관에 적응해야 한다.

- It is the Korean custom to go (one's home) to see one's parents on
the Lunar New Year's Day.

설날에 (고향에 가서) 부모를 찾아 뵙는 것은 한국의 풍습이다.

- It is the custom to take fruit or flowers when visiting a patient in hospital.

병원에 문병갈 때 과일이나 꽃을 갖고 가는 것은 습관이다.

승강기

(영)에서는 승강기를 'lift [lift]' 라고 하고, (미)에서는 승강기를 'elevator [éləvèitər]' 라고 한다.

'give ~ a lift' 는 '누구를 태워 주다' 는 뜻이다.

- Can I give you a lift anywhere?

어디까지 태워 드릴까요?

쇼핑, 장보기   shopping [ʃápiŋ] 할 때 쓰는 표현들

- It' s on sale.   할인 판매중이다.

- May I help you? / Can I help you? / What can I do for you?

어서 오십시오. 무엇을 해드릴까요?

- Are you being helped?

저희 점원이 도와 드리고 있습니까?

- I' m just looking around.

단지 구경만 하고 있습니다.

- Where can I buy men' s clothes?

남자 의류는 어디에 있습니까?

- They' re on the fifth floor.

5층[(미)는 6층]에 있습니다.

- I like that shirt.   저 셔츠가 마음에 듭니다.

- How much is it? / How much does is cost? / What' s the price?

얼마입니까?

- Do you have a cheaper one?   싼 것이 있습니까?

- I' m sorry, that' s all we have.

미안하지만, 그것밖에 없습니다.

S
h
o
p
p
i
n
g

- It's too expensive. Can you give a discount?

  너무 비쌉니다. 할인해 줄 수 있습니까?

- Well, I'll give you a 5% discount.

  5% 할인해 드리겠습니다.

- There is a 10% discount if you pay in cash.

  현찰로 지불하면 10% 할인해 드리겠습니다.

- I'd like to pay for this shirt.

  이 셔츠를 사겠습니다.

- Can I try this on? / I'd like to try this on?

  한 번 입어봐도 될까요?

- Cash or charge?

  현금입니까, 신용카드입니까?

- Charge, please.

  신용카드로 하겠습니다.

- Can I pay by cheque?

  수표로 지불해도 됩니까?

- I'm afraid you can't. We accept only traveller's cheques, credit cards and eft-pos cards.

  여행자 수표나 신용카드, 에프트-포스 카드만 받습니다.

※ How much 다음에 'be' 동사가 올 경우는 단지 가격에 대해서 물을 때만 쓴다. 다른 돈의 액수에 대해서는 쓰지 않는다.

How much is your salary? (×)

What is your salary? (○)

당신의 월급이 얼마입니까?

What do you earn? (○)

당신은 얼마를 법니까?

How much is the population of Seoul? (×)

What is the population of Seoul? (○)

서울 인구가 얼마입니까?

※ 보통 쇼핑을 가면, 산 물건을 'bag'에 담아준다.

- She put my goods (or purchase) in a bag.

  그녀는 내가 산 물건을 백에 넣어 주었다.

그러나 'in the bag'이라고 하면 전혀 다른 뜻도 있다.

- Labour's nomination of Prime Minister is in the bag for Helen.

  노동당의 수상지명은 헬렌이 따놓은 당상이야.

※ 미국, 호주, 뉴질랜드 등에서는 'dollar'를 'buck [bʌk], bucks'라 하기도 한다.

- It will probably cost you about 100 bucks.

  아마도 그것은 100달러 정도 할 것이다.

- Can you borrow me 10 bucks?

  10달러만 빌려주십시오?

시작하다(전에 하지 않았던 것을 시작해서 계속하는 것), 출발하다
start [stɑːrt]

- I started to take a walk in the morning.

  나는 매일 아침 산보를 했다.

- He started cleaning the room.

  그는 방 청소를 하기 시작했다.

- Buses start at 6a.m. and finish 11p.m..

  버스는 아침 6시부터 운행하기 시작해서 밤 11시에 끝난다.

- She didn't tell me the story from the start.

  그녀는 나에게 이야기를 처음부터 시작하지 않았다.

- She started as a laboratory technician in the women's hospital.

  그녀는 산부인과의 실험실 기사로 일하기 시작했다.

- I tried to start my car but couldn't start up it.

  나는 내 차의 시동을 걸려고 했지만, 걸리지 않았다.

식당에 갔을 때 쓰는 여러 가지 표현들

(*) 주문을 하시겠습니까?

   May I take your order?

(*) 무엇으로 주문하시겠습니까?

   - What would you like to order? / What would like? /

   What would you like to have?

(*) 메뉴를 좀 보여 주십시오.

   - Can I have the menu, please? / I'd like to see the menu, please? /

   May I see the menu, please?

(*) 주문 받으십시오.

   - Can you take our order, please?

(*) We'd like to order drinks first.

   마실 것부터 먼저 주문하겠습니다.

   - I will have a steak.

   스테이크로 하겠습니다.

   - How would you like your steak? (=How would you like your steak

   done?)

   어떻게 구워 드릴까요 ?

   - Well done, please.

   잘 익혀 주십시오.

   - Medium, please.

   중간치로 구워 주십시오.

   - Rare, please.

   살짝 구워 주십시오.

(*) 더 주문하실 것은 없습니까?

   - Is there anything else you'd like to order?

(*) 물 좀 주시겠습니까?

   - May I have some water, please?

(*) 중국 차 좀 주시겠습니까?

    - May I have some Chinese tea, please?

(*) 고기 좀 더 드시겠습니까?

    - Would you like some more meat?

(*) 아니오. 많이 먹었습니다.

〈정중히 말할 때〉

    - I have had sufficient, thank you.

〈보통으로 말할 때〉

    - No, thank you. I've had enough.

    = No, thanks. I've had sufficient.

    - I am full.(아주 막역한 사이나 가까운 친구 사이에만 쓴다.)

(*) 계산서를 갖다 주십시오.

    (영) May I have the bill, please?

    (미) May I have the check, please?

    (영) Waiter, bill please. / (미) Waiter, check please.

    - Thank you. Here you are, sir.

    감사합니다. 여기 있습니다.

(*) 각자 별도로 계산합니다.

    - Go Dutch. / Pay separately. / (영) Split the bill, please. /

    (미) Split the check, please. / (영) We want separate bills. /

    (미) We want separate checks.

※ 오늘은 외식하자.

    Let's eat out tonight. / Let's dine out tonight.

〈예약을 하지 않았을 때〉

    - I'd like a table for two, please.

    2인용 자리를 부탁합니다.

    - Have you got a table for four?

    4인용 자리가 있습니까?

(영) a takeaway : 금방 요리한 음식(hot cooked food)을 가게나 식당에서 사서 다른 장소에 갖고 가서 먹는다.

(미)에서는 이 음식을 'a takeout' 이라 한다.

식사

meal [miːl] : 보통 아침, 점심, 저녁 시간에 먹는 식사를 말한다

- It is rare that Korean fathers have an evening meal with their family.
  한국의 아버지들은 저녁을 가족과 함께 먹는 일이 드물다.
- He always takes(has / drinks) some wine with his evening meal.
  그는 항상 저녁을 먹을 때 와인을 조금씩 마신다.
- Did you have your breakfast (or lunch or dinner)?
  당신은 아침(또는 점심, 저녁)을 먹었습니까?
- What's for breakfast?
  아침식사(의 메뉴)는 무엇입니까?
- I would like to invite you to dinner.
  당신을 저녁식사에 초대하고 싶습니다.

※ breakfast : 아침식사

※ lunch : 점심식사

※ dinner : 저녁식사

※ tea : 오후에 차류와 샌드위치, 양과자 등을 먹는 경식

※ morning tea : 회사, 공장, 관공서, 가정 등에서 오전 10시경에 차류와 함께 하는 경식

※ afternoon tea : 오후 3시경에 먹는 경식

※ tea : 주로 영국에서 저녁식사를 'tea' 라고도 한다.

※ 식탁용 냅킨 : (영) serviette [sə̀ːrviét], (미) (table) napkin [nǽpkin]

※ B&B : Bed and Breakfast의 준말(아침식사를 주는 저렴한 숙소)

※ supper [sʌ́pər] : 저녁식사 또는 저녁 늦게 먹는 경식

* 식사를 하면서 얘기할 때는 'over' 를 쓴다.

  - He wants to discuss the matter over lunch.

    그는 점심을 먹으면서 그 문제에 대해서 의논하기를 바란다.

* '식사를 하다' 에는 'have' 를 쓴다.

  - I had breakfast.

    아침을 먹었다.

  - Did you have lunch?

    점심을 먹었나?

  - I always have a bite to eat at lunch time.

    나는 점심을 항상 가벼운 식사로 한다.

* '식사를 준비하다' 에는 'make' 를 쓴다.

  - I will make dinner.

    내가 저녁식사를 준비하겠다.

  - Mum makes the breakfast every morning except Sunday.

    어머니께서는 일요일을 빼고는 매일 아침밥을 준비하신다.

  - She made her lunch.

    그녀는 자신의 점심을 만들었다.

신물이 나다, 넌더리가 나다
be sick of / be tired of

  - I am sick of the rainy weather.

    나는 비오는 날씨에 신물이 난다.

  - I am sick and tired of listening to his excuses.

    나는 그의 변명에 신물이 난다.

  - I am tired of waiting for her.

    그녀를 기다리는데 넌더리가 난다.

  - He is sick and tired of his wife talking for hours on the phone.

    그는 부인의 장시간 통화에 신물이 난다.

실패하다, 실수하다, 낙제하다

fail [feil]

- He studied hard but failed to pass the exam.

  그는 열심히 공부를 했지만, 시험에 불합격했다.

- The coup has failed because the army didn't support it.

  쿠데타는 군의 지지를 얻지 못해서 실패했다.

- We filed to cross the river because of the flood.

  우리는 홍수 때문에 강을 건너지 못했다.

- After he had a cancer operation his health was failing gradully.

  그는 암 수술 후부터 건강이 점점 나빠지고 있었다.

- I will call you once a week without fail.

  나는 틀림없이 당신에게 일 주일에 한 번씩 전화를 걸겠습니다.

- She failed to lose weight in spite of the hard exercise.

  그녀는 열심히 운동을 했음에도 불구하고 체중감량에 실패했다.

싸다 ↔ 비싸다

cheap [tʃi:p] : 보통보다 싸다, 생각했던 것보다 싸다

- Food is very cheap in this market.

  이 시장에서는 식품 값이 매우 싸다.

- I am looking for cheap accommodation.

  나는 싼 숙소를 찾고 있다.

- The wages of the illegal immigrants are very cheap.

  불법 입국자들의 임금은 대단히 싸다.

- Refugees say they don't want to live in a country where life is cheap.

  난민들은 삶의 질이 낮은 나라에서는 살고 싶지 않다고 말한다.

- Cheap cars are available from the budget car rental agents.

  저렴한 가격의 차량 임대회사로부터 차를 싸게 빌릴 수 있다.

inexpensive [ìnikspénsiv] : 값싼

- There are many inexpensive restaurant in China town.

  중국의 시골에는 값이 저렴한 식당이 많이 있다.

expensive [ikspénsiv] : 비싸다

- Vegetables are very expensive in this country.

  이 나라에서는 야채가 대단히 비싸다.

- She is wearing lots of expensive clothes.

  그녀는 값비싼 옷만 입고 다닌다.

- Custom-made products are more expensive than ready-made ones.

  맞춤제품이 기성품보다 더 비싸다.

쓰다, 소비하다, 낭비하다
spend [spend]

- I had spent all my money on horse racing.

  나는 내 모든 돈을 경마에 써버렸다.

- My spending on food and clothing has increased very much.

  식품과 옷을 사는 데 나의 지출이 많이 증가했다.

- She is spending much time and energy developing her skill in painting.

  그녀는 그림 그리는 기량을 개발하는 데 많은 시간과 정력을 쓰고 있다.

- We spent two nights in hunting hut.

  우리는 사냥 오두막에서 이틀 밤을 보냈다.

쓰레기, 폐물(쓰레기를 버리다)
(영) rubbish[rʌ́biʃ]라 한다.

- The rubbish collection day in this area is Monday.

  이 지역의 쓰레기 수거일은 월요일이다.

(영) 쓰레기통 : Dust bin / Rubbish bin

(미) garbage [gɑ́ːrbidʒ]라 한다.

- What day is the garbage collection day?

쓰레기 수거일은 무슨 요일인가?

(미) 쓰레기통 : Trash can(주로 마른 쓰레기를 담는 통)

Love

Samuel Taylor Coleridge

And in Life's noisiest hour,

There whispers still the ceaseless Love of Thee,

The heart's Self-solace and soliloquy.

You mould my Hopes, you fashion me within ;

And to the leading Love-throb in the Heart

Thro' all my Being, thro' my pulses beat ;

You lie in all my many Thoughts, like Light,

Like the fair light of Dawn, or summer Eve

On rippling Stream, or cloud-reflecting Lake.

And looking to the Heaven, that bends above you,

How oft ! I bless the Lot, that made me love you.

아기용 침대

　　cot [kɑt | kɔt] : (영) 아기가 떨어지지 않게 사방이 막대나 판자
　　　　로 보호되어 있는 어린이용 침대

　　crib [krib] : (미)에서는 crib이라 한다.

접을 수 있는 간이침대를 (미)에서는 'cot'라고 하고, (영)에서는 'camp bed' 라
한다.

(영) 'cot death' (미) 'crib death'

　　　　주로 생후 1주일 ~ 1년 안에 아기가 아프지도 않았는데 침대에서 자다
　　　　가 갑자기 죽는 것

　　　- Doctors still could not find out what causes cot death.

　　　　아직도 의사들은 '아기들의 아기침대에서 죽음' 에 대해서 원인을 찾지 못하
　　　　고 있다.

아름다운　외모의 아름다움을 나타내는 말에는 여러 가지가 있다. 대상이나 정도에 따라서 차이가 있으므로 적절히 사용하는 것이 좋다.

* 어린이들에게 사용하는 말

- attractive [ətræktiv] : 매력적인
- gorgeous [gɔ́:rdʒəs] : 멋진, 호화로운, 예쁜
- beautiful [bjú:təfəl] : 아름다운, 고운
- pretty [príti] : 예쁜, 아름다운

* 여자들에게 사용하는 말

- beautiful [bjú:təfəl] : 아름다운, 고운, 훌륭한
- pretty [príti] : 예쁜, 아름다운
- charming [tʃɑ́:rmiŋ] : 매력 있는, 아름다운, 호감이 가는
- stunning [stʌ́niŋ] : 근사한, 멋진, 기절할 만큼의(특별히 매력적이고 매혹적인 의상을 입은 여인에게 사용)

* 남자들에게 사용하는 말

- handsome [hǽnsəm] : 잘생긴, 풍채 좋은
- ※ 몸집이 좋은 여자에게도 사용한다.　예) She is a handsome woman.

* 남녀 공통으로 사용하는 말

- good-looking [gúdlúkiŋ] : 잘생긴
- attractive [ətræktiv] : 매력적인
- gorgeous [gɔ́:rdʒəs] : 멋진, 호화로운
- cool [ku:l] : 멋진

예) He is a very good-looking lad.　그는 매우 잘생긴 청년이다.
　　He is cool and trendy.　그는 유행을 따르는 멋쟁이다.

beautiful의 다른 표현도 있다.

- It is a beautiful morning.　상쾌한 아침이다.
- He has beautiful manners.　그의 태도가 아주 바르다.
- That is a beautiful shot.　(골프 등에서) 멋진 타구다.

음식을 먹으면서 "beautiful!" 이라고도 한다. 여기서의 뜻은 "맛있다." 이다.

'look nice' 또는 'look wonderful' 은 외모에 대한 표현이지만, 'a nice man', 'a wonderful woman' 또는 'are nice', 'are wonderful' 이라고 할 때는 외모보다는 성품을 의미한다.

- He is nice = He is a nice man. 그는 점잖은 사람이다.
- She is a wonderful woman. 그녀는 훌륭한 여자이다.

영국에서는 다음과 같은 표현도 사용한다.

a nice girl(attractive / good looking)을 'a fit girl' 이라고도 한다.

- She is a very fit girl. = She is a very nice girl.
- She is really fit. = She is really nice.
- a group of fit girls = a group of nice girls

아마도, 어쩌면

maybe [méibiː], perhaps [pərhǽps], possible [pásəbl] 는 추측 또는 어떤 일이 일어날 가망성이나 가능성이 희박할 경우에 사용한다

- Will he come to the party tonight?

  그가 오늘 밤 파티에 올까요?

- Maybe. (or maybe not.)

  올지도 모릅니다.(안 올지도 모른다.)

- Perhaps she knows where he is hiding.

  아마도 그녀는 그가 어디에 숨어 있는지 알 것이다.

- She will come soon, perhaps when dinner is over.

  그녀는 아마도 저녁식사가 끝나면 올 것이다.

- He may possibly come tonight. Can you come, too?

  그는 아마도 오늘 저녁에 올 것입니다. 당신도 올 수 있습니까?

- Possibly, but I'm not sure.

  아마도 갈 것입니다. 그러나 확실하지는 않습니다.

probably [prábəbli] : ~할 것 같은, ~일 것 같은. 추측이나 어떤 일이 일어날 가망성이나 가능성이 상당히 있을 경우에 사용한다

- Probably she will buy it.

  십중팔구 그녀가 그것을 살 것이다.

- Tom is probably the best player in our golf club.

  아마도 톰이 우리 골프 클럽에서 제일 잘 치는 사람일 것이다.

- The homicide case will probably be dropped for lack of evidence.

  아마도 살인사건은 증거 불충분으로 기각될 것이다

안부를 전하다

- Give my best regards to your family.

= Remember me kindly to your family.

  당신 가족에게 안부를 전해 주십시오.

- Give her my best regards.

  그녀에게 안부를 전해 주십시오.

안정시키다, 자리잡게 하다
settle [sétl]

- Refugees have settled in the house arranged by the government.

  피난민들은 정부가 마련해 준 집에 자리를 잡았다.

- She visited London and decided to settle there.

  그녀는 런던을 방문했는데, 거기서 자리잡고 살기로 했다.

- Every immigrant needs at least 300,000 dollars to settle here.

  모든 이민자들은 여기서 자리잡고 살려면 최소한 300,000달러는 필요하다.

- I want to settle down in my own house and have a family.

  나는 내 집과 가족을 갖고 안정하고 싶다.

- My children have now settled down in their school lives.

  내 아이들은 그들의 학교생활에서 안정을 찾았다.

알다, 알고 있다, 이해하다
know [nou]

- I don't know how to drive a car.

  나는 차를 어떻게 운전하는지 모른다.

- I have known her since I was a child.

  나는 그녀를 어릴 적부터 알고 있다.

- I don't know anything about her private life.

  나는 그녀의 사생활에 관하여 아는 것이 전혀 없다.

- My son knows what to do to make the machine work.

  내 아들은 그 기계를 어떻게 작동시키는지를 알고 있다.

- She is known as a violinist.

  그녀는 바이올린 연주자로 알려져 있다.

- Our members love to meet once a month to get to know each other better.

  우리 회원들은 서로를 더 잘 알기 위해서 한 달에 한 번씩 만나기를 원하고 있다.

알아보다, 보고 곧 알다
recognize [rékəgnàiz] : 사전에 정보를 알고 있어서 무엇인지, 누구인지를 곧 알아보는 것

- She had changed so greatly that I could hardly recognize her.

  그녀가 너무 많이 변해 버렸기 때문에 그녀를 알아 볼 수가 없었다.

- The pen-friend recognized me at once when we met in the airport.

  우리가 공항에서 만났을 때 그 펜팔은 나를 즉시 알아봤다.

  ※ 펜팔: (영) a pen-friend (미) a pen pal

- It is not easy to recognize one's own shortcomings.

사람들은 자기의 결점을 아는 것이 쉽지 않다.

- People don't recognize the new government set up by the coup.

쿠데타로 세워진 새 정부를 국민들은 알아주지 않는다.

약국

(영) 'chemist's [kémist] 또는 'chemist [kémist]' 라 한다.

(미) 'drugstore [drʌ́gstɔ̀ːr]' 라 한다.

※ 약국을 'pharmacy [fɑ́ːrməsi]' 라고도 한다.

약사

(영) 'chemist [kémist]' 라 한다.

(미) 'pharmacist [fɑ́ːrməsist]' 라 한다.

약한, 취약한, 상처받기 쉬운
vulnerable [vʌ́lnərəbl]

- Grandma is physically vulnerable.

할머니는 신체적으로 약하다.

- Most employees become more vulnerable to the stress disease.

대부분의 종업원들은 스트레스 병에 더욱 약하다.

- Teenagers are vulnerable to sexual crime.

10대들은 성범죄에 취약하다.

- The retailers are vulnerable to economic slump.

소매업자들은 경제적 불황에 취약하다.

- This country is vulnerable to air attack.

이 나라는 공중 공격에 취약하다.

※ 망가지기 쉬운 : fragile(물건을 탁송할 때, 내용물이 약한 것은 'FRAGILE' 이란 표지를 붙여준다.)

- The contents of this box are fragile.

이 상자 속의 내용물은 망가지기 쉽다.

- The fragile government is unable to control its people.

허약한 정부는 국민을 다스릴 수가 없다.

어디서 왔나?

외국에 갔을 때 가장 많이 받는 질문 중에 한 가지가 "어디서 왔습니까?", "어느 나라에서 왔습니까?"이다.

- Where are you from?
- = Where do you come from?
- = What country do you come from? (이때 nation은 쓰지 않는다.)
- = What is your nationality? (어느 나라 사람입니까?)

대답은 "I am from Korea." 또는 "I come from Korea."라고 하면 된다.

어려운

hard [hɑːrd] : 주로 육체적인 노력의 경우에서 오는 어려움

- It is hard for me to cut this tree.

  이 나무를 베는 것이 나에게는 어렵다.

- She found it hard to give up drinking.

  그녀는 술을 끊는다는 것이 어렵다는 것을 알았다.

- He has worked hard all his life.

  그는 평생을 열심히 일했다.

difficult [dífəkʌ̀lt] : 주로 기술, 지식, 재능이 없는 경우의 어려움

- The maths test is very difficult for him to answer.

  수학시험은 그에게 대단히 어렵다.

- It is difficult to understand a different culture.

  다른 문화를 이해한다는 것은 어려운 것이다.

- It was difficult for her to get a job.

  그녀는 직장 구하기가 어려웠다.

- They are twins and it is difficult to know one from the other.

그들은 쌍둥이라서 서로 분간하기가 어렵다.

- Our company is now in difficulty.

우리 회사는 지금 어려운 형편에 있다.

- He could cross the border without any difficulty.

그는 별 어려움 없이 국경을 넘을 수 있었다.

어울리다

- Your suit goes well with the tie.

당신의 양복과 넥타이가 잘 어울립니다.

- Her new dress becomes her well.

그녀의 새 드레스는 그녀에게 잘 어울린다.

- This black swimsuit becomes you more.

이 검은 수영복이 당신에게 더 어울립니다.

- This nude picture doesn't suit the room. I think that landscape
painting is more suitable for the room.

이 누드화는 이 방에 어울리지 않습니다. 풍경화가 더 어울릴 것입니다.

- They are a well-matched pair.

그들은 잘 어울리는 한 쌍이다.

억지로 ~시키다
compel : 억지로 ~시키다, 강제하다

- A storm compelled us to stay another day.

우리는 폭풍우 때문에 하루 더 머물러야만 했다.

- The hijackers compelled silence from the passengers.

납치범들은 승객들에게 침묵을 강요하였다.

- He was compelled to leave.

그는 떠나지 않을 수 없었다.

force : compel과 같은 뜻이지만 force가 더 많이 사용된다

- They forced me to sign the paper.

  그들은 나에게 그 서류에 서명토록 강요하였다.

- He was forced to resign his job.

  그는 그의 직장을 그만두도록 강요당했다.

- A burglar tried to force the windows open but he failed.

  도둑은 창문을 억지로 열려고 했으나 실패했다.

- She forced a smile, but she was unhappy.

  그녀는 억지로 웃음을 지었지만, 즐겁지 않았다.

여기가 어디입니까? 여기는 서울입니다

- What place is this?

- ※ Where is here? 또는 Where is this? 라고는 안 한다.

- Where are we now? 또는 Where am I?

- This is Seoul. (Here is Seoul이라 안 한다.) / We are in Seoul.

여유가 있다, ~을 참을 여유가 있다 (can) afford [əfɔ́ːrd]

- I can afford to buy a car.

  나는 자동차 한 대를 살 여유가 있다.

- I can't afford to buy a house.

  나는 집을 살 여유가 없다.

- I can't afford to do so.

  나는 그렇게 할 수가 없다.

여행

journey [dʒə́ːrni] : 주로 편도의 여러 곳을 들르는 긴 여행을 말한다

- He made the journey to Peking.

그는 북경으로 여행을 떠났다.

- He went on a journey to Seoul.

그는 서울로 여행을 떠났다.

trip [trip] : 주로 왕복의 짧은 여행을 말한다

- Last Sunday we went out on a one day fishing trip.

지난 일요일 우리는 일일 낚시여행을 갔다 왔다.

- He made a business trip to Busan.

그는 부산으로 출장을 갔다.

- They made their honeymoon trip to Hawaii.

그들은 하와이로 신혼여행을 갔다.

travel [trǽvəl] : 주로 차, 기차, 배, 비행기 등을 타면서 하는 긴 여행을 말한다

- He travelled to Seoul by KAL.

그는 대한항공을 타고 한국으로 여행 갔다.

- He set up a travel business.

그는 여행사를 차렸다.

※ (영) travel, travelling, travelled라 쓰고, (미) travel, traveling, traveled 라 쓴다.(앞의 예를 참고한다.)

※ 여행용 가방 :

(영)에서는 'luggage [lʌ́gidʒ]' 라 한다.   예) 2 pieces of luggage

(미)에서는 'baggage [bǽgidʒ]' 라 한다.   예) 3 pieces of baggage

- He takes much luggage(baggage) on his trip.

그는 여행중에 가방을 많이(여러 개) 갖고 다닌다.(복수를 쓰지 않음)

- Please keep an eye on my luggage.

내 가방을 좀 봐주십시오.

※ I'm still a little jet lagging.   나는 아직도 여독이 남아 있다.

(시차가 있는 비행기 여행으로 인해서 피로를 느낄 때 쓴다.)

- She is suffering from jet lag.

그녀는 아직도 여행의 피로를 느끼고 있다.

(jet lag = jetlag)

(~을) 염려하다 be anxious[ǽŋkʃəs] about, be concerned[kənsə́ːrnd] about, be afraid[əfréid] for 등

- I am anxious about her health.

  나는 그녀의 건강이 염려된다.

- I am concerned for my father's health.

  나는 아버지의 건강이 염려된다.

- She has been concerned about her daughter who travelled abroad lately.

  그녀는 최근에 해외여행을 떠난 딸에 대해서 염려하고 있다.

- He was afraid for his own safety.

  그는 자신의 안전을 염려했다.

- I am not concerned about my son's new business.

  나는 내 아들의 새 사업에 대해서 걱정하지 않는다.

- Public concern is growing over the spread of Foot and Mouth disease.

  구제역(소 병)의 확산에 대한 일반대중의 관심이 높아지고 있다.

영연방

Britain and the Commonwealth : 영국을 비롯한 53개국이 공통의 목적과 이익 아래, 정치·경제·사회·문화·교육·체육·환경 문제 등에 서로 협력하고 발전시키기 위하여 맺어진 국가간의 단체이다. 영연방의 인구는 12억이 넘는다.

Antigua & Barbuda, Australia, The Bahamas, Bangladesh, Barbados, Belize, Botswana, Britain, Brunei Darussalam, Cameroon, Canada, Cyprus, Dominica, The Gambia, Ghana, Grenada, Guyana, India, Jamaica, Kenya, Kiribati,

Lesotho,   Malawi,   Malaysia,   Maldives,   Malta,   Mauritius,
Mozambique,   Namibia,   Nauru,   New Zealand,   Nigeria(suspended),
Pakistan,   Papua New Guinea,   St. Kitts & Nevis,   St. Lucia,
St. Vincent & The Grenadines,   Samoa,   Seychelles,   Sierra
Leone,   Singapore,   Solomon Islands,   South Africa,   Sri Lanka,
Swaziland,   Tanzania,   Tonga,   Trinidad & Tobago,   Tuvalu,
Uganda,   Vanuatu,   Zambia,   Zimbabwe

영향을 주다, 영향을 미치다
　　affect [əfékt] : 영향을 주어서 변하게 하다, 병들게 하다
- Hundreds of people have been affected by floods.
수백 명이 홍수의 영향을 받았다.
- Dementia seems to affect old people.
치매는 노인들이 잘 걸리는 병인 모양이다.
- The divorce still affects him.
이혼은 아직도 그에게 영향을 미치고 있다.
influence [ínfluəns] : 다른 사람을 자기의 의견이나 원하는 방
향으로 움직이게 하는 힘, 어떤 사람이나 사물에 영향을 미치다
- She has much influence on her sons and control them well.
그녀는 그녀의 아들들에게 미치는 영향력이 커서 그들을 잘 다루고 있다.
- My teacher influenced me to do medical science.
우리 선생님은 내가 의학공부를 하도록 했다.
- He hit a man under the influence of alcohol.
그는 술의 영향으로(술기운으로) 어떤 사람을 때렸다.
- This is one of the most influence films ever seen.
이것은 지금까지 본 것 중에서 가장 감명 깊은 영화이다.

영화 : (영) the cinema,　(미) the movies

영화관(극장)　(영) a cinema, a theatre

(미) a movie theater, a movie house

예약, 약속

appointment [əpɔ́intmənt] : 특정한 시간에 일이나 문제로 사람을 만나다

- I have an appointment with my solicitor this morning.

나는 오늘 아침에 변호사와 만날 약속이 있다.

- I made an appointment to see my family doctor.

나는 가정의에게 예약을 했다.

- My wife has a dental appointment at 10a.m..

아내는 오전 10시에 치과에 갈 예약이 되어 있다.

reservation [rèzərvéiʃɔn] : 식당, 호텔 방 등을 예약하는 것

- He made a reservation at the Korean restaurant for us.

그는 우리를 위해서 그 한국식당에 예약을 했다.

- He phoned to the hotel to make a reservation.

그는 방 예약을 하기 위해서 그 호텔에 전화를 했다.

booking [búkiŋ] : 식당, 호텔, 극장, 대중교통(기차 등)에 좌석을 예약하는 것

- She made a booking at the buffet restaurant for us tonight.

그녀는 오늘 저녁에 우리의 저녁식사를 뷔페 식당에 예약했다.

- My cousin has booked hotel rooms for my family.

나의 사촌은 우리 가족이 묵을 호텔 방을 예약했다.

- She had booked herself a flight to London last night.

그녀는 어젯밤에 런던행 비행기표를 예약했다.

- The express sleeping cars are often fully booked.

급행 침대차는 자주 예약이 매진된다.

- The tickets for the movie are booked up.

그 영화의 표는 모두 예매가 끝났다.

※ a booking office : 예매 창구

※ (영) a booking clerk : 특히 역 구내에 있는 예매담당자

※ 호텔에서 숙박 등록을 할 때

(영)에서는 book into, book in을 쓴다.

- She was happy to book in(into) Silla Hotel.

  그녀는 신라호텔에 숙박하게 되어서 기뻤다.

(미)에서는 check in을 쓴다.

- He was happy to check in Hyatt Hotel.

  그는 하이얏트 호텔에 숙박하게 되어서 좋았다.

옮기다, 이사하다
move [muːv]

- She moved house to the suburbs.

  그녀는 교외로 이사했다.

- He moved his desk away from the room.

  그는 그의 책상을 방 밖으로 옮겼다.

- The head office was moved to Seoul from Daejon.

  본사를 대전에서 서울로 옮겼다.

- He moves house fairly frequently, because he is fickle.

  그는 변덕이 심해서 꽤 자주 이사를 한다.

- The boss moved her to another section.

  사장은 그녀를 다른 부서로 발령냈다.

- We moved to an apartment from an independent house.

  우리는 단독주택에서 아파트로 이사했다.

옮기다(사람이나 사물을 한 곳에서 다른 곳으로 옮기는 것)
remove [rimúːv]

- His father removed him from school and put in the army.

  그의 아버지는 그를 학교에서 자퇴시킨 후 군에 입대시켰다.

- She tried to remove some stains from the shirt.

  그녀는 셔츠의 얼룩을 빼려고 했다.

- He runs a furniture removal business with 10 removal vans.

  그는 10대의 운반 차를 갖고 이삿짐 센터를 하고 있다.

옮기다(한곳에서 다른 곳으로 옮기다), 이동하다
transfer [trænsfə́:r]

- He was transferred from the head office to the branch office.

  그는 본사에서 지사로 자리를 옮겼다.

- I asked the clerk to transfer some money from my cheque account
  to my saving account.

  나는 은행원에게 약간의 돈을 나의 수표계정에서 저축계정으로 이체해 주기
  를 청했다.

- The presidency will be transferred from the present president to the
  president-elect tomorrow.

  대통령직은 내일 현 대통령에서 새로 당선된 대통령에게 옮겨진다.

- A transfer of technology was discussed between two countries.

  기술이전이 두 나라 사이에 논의되었다.

- She took a bus and transferred to a subway.

  그녀는 버스를 타고 또 전철로 갈아 탔다.

※ cheque = check(미)

옳은, 정확한
correct [kərékt]

- A correct diagnosis is very important to cure patients.

  정확한 진단은 환자를 치료하는 데 대단히 중요한 것이다.

- His thought is absolutely correct.

  그의 생각은 절대적으로 옳다.

- If you hit a ball correctly, it flies straight.

  만약에 공을 정확하게 때리면, 그 공은 똑바로 날아간다.

- This guide book shows the correct way to grow greens.

  이 안내서는 채소를 바르게 기르는 방법을 보여 준다.

- The teacher corrected the wrong answers.

  선생님은 틀린 답을 바르게 고쳤다.

왕복표 : (영) a return ticket, (미) a round trip ticket

- She bought a return ticket for Seoul.

  그녀는 서울 가는 왕복표를 샀다.

요구하다

demand [dimǽnd] : 대단히 강압적으로 요구하다

- The opposition party has demanded an explanation from the govern-
  ment about the secret arms deal.

  야당은 정부에 비밀무기 거래에 대하여 밝힐 것을 강력히 요구했다.

- America strongly demanded that China send back the crew and the
  plane which made a forced landing in China.

  미국은 중국에 강제로 착륙 당한 비행기와 승무원들을 송환해줄 것을 강력히
  요구했다.

claim [kleim] : 자기가 할 권리가 있다고 생각하는 것을 요구하다

- He is entitled to claim a sickness benefit.

  그는 질병수당을 받을 자격이 있다.

- She intends to make a claim to the insurance company for the dam-
  aged car.

  그녀는 부서진 차에 대한 보험금을 청구하려고 한다.

- The teachers claimed a pay increase of 10%.

교사들은 10% 봉급 인상을 요구했다.

require [rikwáiər] : 필요에 의하여, 필요하기 때문에 요구하다 (사람 이외의 것이 주어로 되는 경우가 많다.)

- If you require further information, you should write to the secretary.

자료가 더 필요하면, 비서에게 서면으로 요구하십시오.

- All information required for this project is available in the reception.

이 사업에 대한 모든 정보(자료)는 접수구에 있습니다.

- The new law requires that all drivers must carry their driver's licence whenever they drive cars.

새로운 법은 모든 운전자들은 차를 운전할 때 반드시 운전면허증을 소지하여 야 된다고 규정하고 있다.

request [rikwést] : 정중하게 무엇을 묻다, 요구하다, 요망하다

- The landlord requested the tenant to leave by the end of the month.

집주인은 세 사는 사람에게 월말까지 집을 비워줄 것을 요구했다.

- Visitors are requested to park at the rear of the building.

방문객들은 건물 뒤에 주차하기를 바랍니다.

- Visitors are requested not to smoke in the exhibit hall.

방문객들은 전람회관에서 담배를 피우지 마시기 바랍니다.

- We will provide samples on request.

견본은 요청을 하면 드리겠습니다.

요금, 삯

fare [fɛər] : 버스, 기차, 택시, 배, 비행기 등의 운임
fee [fiː] : 어떤 특정한 일이나 서비스에 지불하는 돈

예) solicitor's fee, licence fee, entry fee 등

우연히

by chance [tʃæns]

- I had met her in the pub by chance.

나는 그녀를 우연히 술집에서 만났다.

- I was there by chance when they started to fight.

나는 그들이 싸움을 시작했을 때 우연히 거기에 있었다.

우편, 집배, 우송하다

(영) post [poust]

- I will send you a dictionary by post.

나는 너에게 우편으로 사전을 보내겠다.

- When is the next post coming?

다음 우편물은 언제 옵니까?

- Your cheque must have been lost in the post.

당신의 수표는 우송 도중에 없어졌음이 틀림없습니다.

- Would you post this letter for me ?

이 편지 좀 부쳐 주시겠습니까?

(미) mail [meil]

- He will send you an invitation card by mail.

그는 당신에게 초청장을 우송할 것이다.

- Would you mail this document to the head office.

이 서류를 본사에 우송해 주시겠습니까?

SPORTS에 관련된 여러 가지 말들

연장 경기시간 : (영) extra time (미) overtime

- New Zealand won against Aussie after extra time.

  뉴질랜드는 호주를 연장전에서 이겼다.

- Korea won against China in overtime.

  한국은 중국을 연장전에서 이겼다.

stadium [stéidiəm] : 사방으로 관중석이 있는 큰 경기장

ground [graund] : 일반 운동장

경기의 심판원 : 경기에 따라서 호칭이 다르다.

referee [rèfərí:] : basketball, boxing, wrestling, billiard, football,

　　　　 snooker, rugby, soccer 등의 심판

umpire [ʌ́mpaiər] : badminton, cricket, tennis, baseball, table tennis,

　　　　 volleyball 등의 심판

움직이지 않게 하다, 고정하다

stuck [stʌk]

- His car is stuck in the mud.

  그의 차가 진흙에 빠져 움직이지 않는다.

- She had got a small piece of meat stuck between her teeth.

  그녀는 고깃조각이 이에 끼었다.

- I was stuck at home with a cold.

  나는 감기에 걸려서 꼼짝 못하고 집에 있었다.

- I am stuck in the relationship with her.

  나는 그녀와의 관계가 꼼짝 못하게 되어 있다.

- I don't want to get stuck in this boring job. I have to seek another one.

  나는 이 싫증나는 직업에 매이고 싶지 않다. 나는 다른 직업을 찾아야겠다.

위험

risk [risk] : 불쾌한 일이 일어날지도 모르는 위험

- There is a possible risk in the surgery.

  수술에는 잘못되는 위험이 따를 수 있다.

- The wooden building was found to be a fire risk.

  그 목조 건물은 화재의 위험이 있음이 판명되었다.

- His job is still at risk.

  그의 자리는 아직도 해고될 위험이 있다.

- Millions of people in Africa are at risk of starvation.

  수백만 아프리카 사람들이 굶어 죽을 위험한 처지에 있다.

- She went to the battle field to collect data at the risk of her life.

  그녀는 목숨을 걸고 기사자료를 얻기 위해서 전쟁터에 갔다.

danger [déindʒər](uc): 다치거나 죽을 위험이 있는 것, 사람이나 물건이 상할 수 있는 것, 불행한 일이 일어날지도 모르는 것

- You have to leave here immediately, because your life is in danger.

  당신은 생명이 위험하기 때문에 즉시 여기를 떠나야 합니다.
- The doctor warned him about the dangers of smoking.

  의사는 그에게 흡연의 위험성에 대해서 경고를 했다.
- It is a real danger that cyclist rides on bicycle at night.

  밤에 자전거를 타는 것은 정말로 위험하다.
- It is dangerous to swim without warming up.

  준비운동 없이 수영을 하는 것은 위험하다.

유감이다

I am afraid [əfréid] ~ : 유감의 뜻을 정중하게 표현할 때 쓴다

- I'm afraid it is not possible.

  미안하지만 못합니다.
- I'm afraid I can't drive.

  유감이지만 나는 운전할 수 없습니다.
- I'm afraid I can't go with you.

  유감이지만 나는 당신과 함께 갈 수 없습니다.
- I heard that she failed the test. Is that true?

  그녀가 시험에 떨어졌다는 데 사실입니까?

  (Yes), I'm afraid so.

  (예), 유감스럽지만 사실입니다.
- Can you have a meal with me tonight?

  오늘 저녁 나와 같이 할까요?

  (No), I'm afraid not.

  (아니오), 유감스럽지만 안 됩니다.

※ '~ afraid so' 는 'yes' 이고, '~ afraid not' 은 'no' 에 쓴다.

유의하다, 걱정하다
mind [maind]

- I don't mind what they say.

  나는 그들이 무엇이라고 하든 개의치 않는다.

- I don't mind your smoking.

  나는 당신이 담배를 피우는 것에 개의치 않습니다.

- I don't mind staying alone.

  나는 혼자 있어도 괜찮습니다.

- Mind you don't stay overnight.

  밤을 새우지 않도록 유의해라.

- Never mind what he is doing.

  그가 무엇을 하든지 걱정하지 말게.

유지하다, 지속하다, 계속해서 그대로 유지하다
maintain [meintéin]

- He maintains close friendships with alumni.

  그는 동창들과 가까운 교우관계를 유지하고 있다.

- He maintains a speed of 80km an hour.

  그는 시속 80킬로미터를 계속 유지하면서 달린다.

- The government tries to maintain interest rates at a low level.

  정부는 계속해서 저금리를 유지하려고 노력하고 있다.

- She always keeps her car well-maintained.

  그녀는 항상 자기의 차를 잘 관리, 유지하고 있다.

- She maintains the house well.

  그녀는 집 관리를 잘하고 있다.

의심하다

suspect [səspékt] : 아마도 사실일 것이라고 생각하다

- I suspect that he is an undercover agent.

나는 그가 비밀수사관일 것이라고 생각한다.

- I suspect him to be a lier.

나는 그가 거짓말쟁이일 것이라고 생각한다.

doubt [daut] : 그것이 사실인지, 가능한 것인지 잘 모르다

('~는 아니겠지'를 뜻한다)

- I doubt that she is an undercover policewoman.

나는 그녀가 비밀여경찰이 아닐 것이라고 생각한다.

- I don't doubt that he will pass the driving test.

나는 그가 운전면허 시험에 합격할 것이라고 생각한다.

- I doubt that he is innocent.

나는 그가 죄가 없지 않다는 생각이 든다.

- I have no doubt of his word.

나는 그의 말을 의심하지 않는다.

- His guilt is beyond any doubt.

그의 유죄는 의심의 여지가 없다.

- I am in doubt about her academic background.

나는 그녀의 학력에 대하여 의심스럽다.

이기다 ↔ 지다

beat [biːt], defeat [difíːt], win [win]

- Last Saturday South Africa beat Australia 18-15.

지난 토요일 남아프리카는 호주를 18 대 15로 이겼다.

- He was beaten by a new player.

그는 신인선수에게 졌다.

- A new athlete defeated the champion.

새로운 육상선수가 선수권 보유자를 이겼다.

- The commandos defeated the guerrillas and freed all hostages.

특공대는 게릴라들을 패배시키고 모든 인질들을 석방시켰다.

- The labour Party won the general election.

  노동당은 총선에서 승리했다.

- His team finished all games without a win.

  그의 팀은 단 한 번도 이겨보지 못하고 모든 경기를 끝냈다.

- She won the local election by a narrow margin.

  그녀는 지방선거에서 근소한 차로 승리했다.

이끌다, 인도하다, 인솔하다, 안내하다
lead [led]

- The commander leads his soldiers to the fortress.

  사령관은 그의 부하들을 요새로 인솔한다.

- She took a blind woman by the hand into the hospital.

  그녀는 한 여자 시각장애인의 손을 잡고 병원으로 인도했다.

- This is a shortcut leading to the creche.

  이 길이 탁아소로 가는 지름길이다.

※ 탁아소 : (영) a creche, (미) a day nursery

- Her father is leading in the mayoral race.

  그녀의 아버지는 시장선거에서 앞서고 있다.

- The daughter-in-law leads a harmonious and happy life with her mother-in-law.

  며느리는 시어머니와 화목하고 행복한 생활을 이끌어 가고 있다.

- The recession would lead to job cuts.

  불황은 감원을 초래할 것이다.

- This road will lead you to Incheon International Airport.

  이 길로 가면 당신은 인천국제공항으로 가게 될 것이다.

- The leads of ˈMother of Seaˈ are Choe Minsu and Ko Hyeonjeong.

  ˈ엄마의 바다ˈ 의 주연은 최민수 씨와 고현정 양이다.

이상하게 여기다, ~이 아닐까 생각하다, 알고 싶다
wonder [wʌ́ndər]

- I wonder who she is?

  그녀가 누구일까?

- I wonder how they won the game?

  어떻게 그들이 경기에서 이겼을까?

- He wondered how the accident had happened.

  그는 그 사고가 어떻게 일어났을까 하고 이상하게 여겼다.

- I wonder if you could tell me?

  당신이 나에게 이야기를 해줄 수 있을까요?

- I wonder how you could give me the information?

  당신이 어떻게 그 정보를 나에게 줄 수 있겠는가?

이상한, 야릇한, 기괴한, 기묘한, 색다른(우습거나 재미로, 부정적인 뜻으로
사용되는 것) : bizarre, funny, odd, peculiar, strange, weird 등
strange [streindʒ] : 당황케 하는, 어리둥절한, 불안한, 거북한,
이상야릇한, 생소한

- A strange thing happened in the village.

  이상한(기괴한) 일이 마을에 일어났다.

- It was so strange to hear a knock on the door at midnight.

  한밤중에 문 두드리는 소리를 듣는 것은 상당히 불안했다.

- I am strange to Seoul.   나는 서울이 생소하다.

- I am strange to this job.

  나는 이 직업에 대하여 전혀 모른다.

- I am a stranger here.

  나는 이곳이 생소하다.

※ 이상한, 기괴한, 야릇한 등 재미로, 부정적인 뜻으로 쓰이는 다른 말

- His old suit and tie looked distinctly bizarre.

그의 옛 양복과 넥타이는 매우 이상하게(우습게) 보였다.

- She is wearing a very peculiar skirt.

그녀는 눈에 띄는 치마를 입고 있다.

- He always has some funny ideas.

그는 언제나 이상야릇한 생각을 갖고 있다.

- He has become weird after divorce.

그는 이혼 후에 이상하게(비정상적) 되었다.

- That was a weird movie.

그것은 기괴한 영화였다.

- She is odd. / She is an odd woman. (성격)

그녀는 성격이 이상하다.

- She looks odd. / She has an odd face. (외모)

그녀의 외모가 이상하다. / 그녀의 얼굴이 이상하다.

이용할 수 있는, 쓸모 있는, 유효한, 손에 넣을 수 있는
available [əvéiləbl]

- This car is available for hire.

이 차는 빌릴 수 있는 차다.

- Tickets are only available on the day of issue.

표는 발행 당일에만 유효하다.

- Are you available?

지금 만날 수 있습니까?

- He is on holiday, so he is not available now.

그는 휴가중이라서 지금 만날 수 없습니다.

이익, 이득, 수익
advantage [ədvǽntidʒ] : 다른 것보다 우수하기 때문에 생기는 이익

- The great advantage of this airline is their service and food.

이 비행기의 가장 큰 장점은 서비스와 기내식에 있다.

- This new model car has many advantages over the old model one.

이 신형 차는 구형 차보다 장점이 많다.

- I will take full advantage of this opportunity to learn English.

나는 영어를 배우는 데 있어서 이 기회를 최대한 유리하게 이용하겠다.

profit [práfit] : 경제적, 물질적 이익

- The company made a net profit of one million dollars in this year.

회사는 금년에 백만 달러의 순이익을 보았다.

- She has profited by selling her antiques at a high price.

그녀는 자기의 골동품을 고가로 팔아서 이익을 남겼다.

benefit [bénəfit] : 개인이나 사회 전체에 유익한 이익

- You will benefit from acupuncture treatment.

당신은 침술치료를 받으면 이로움을 볼 것이다.

- You should fill in this form to get a benefit.

보조금(수당)을 받으려면 이 서류를 작성해야 합니다.

- She works voluntarily for the benefit of the community.

그녀는 지역사회를 위해서 자원봉사를 하고 있다.

2주일 (영) 2주를 'fortnight [fɔ́ːrtnàit]' 이라 한다

- I will be back in a fortnight.

나는 2주 안에 돌아올 것입니다.

- The doctor wants to see you a fortnight later.

의사는 당신을 2주 후에 다시 보기를 바란다.

- Please come to see me today fortnight.

= Please come to see me this day fortnight.

= Please come to see me in fortnight.

2주 후 오늘 오십시오.

※ 한 달 후 오늘 오십시오.

Please come to see me one month time.

※ 두 달 후 오늘 오십시오.

Please come to see me two months time.

- This magazine is published fortnightly.

  이 잡지는 2주에 한 번씩 발간됩니다.

- I went to Seoul for a fortnight.

  나는 2주간 머물 예정으로 서울에 갔다.

이해하다, 알고 있다
understand [ʌ̀ndərstǽnd]

- I can understand French.

  나는 불어를 할 줄 안다.

- I couldn't understand Chinese.

  나는 중국어를 할 줄 모른다.

- Do you understand me?

  당신은 내 말을 이해합니까?

- I don't understand why she came back.

  나는 그녀가 왜 돌아왔는지 모르겠다.

- She understand why I am excited.

  그녀는 내가 왜 흥분을 했는지를 알고 있다.

익숙하다

be(get) used to : 과거에 경험을 했기 때문에 또는 곧 알게 되어
이상하지 않다

- Tom is used to living in Seoul.

  톰은 서울생활에 익숙하다.

- I am not used to this windy weather.

나는 바람 많은 기후에는 익숙하지 못하다.

- You will soon get used to eating Korean food.

  당신은 곧 한국음식에 익숙해질 것이다.

- You will soon get used to this noise.

  당신은 이 소음에 곧 익숙해질 것이다.

- I am used to sleeping late.

  나는 늦게 자는 데 익숙하다.

- She took some time getting used to the strange local custom.

  그녀는 이상한 지방 관습에 익숙해지는데 시간이 걸렸다.

- He quickly gets used to using the oars.

  그는 노를 젓는 것이 곧 익숙해졌다.

인사

* 보통 만났을 때

  A : Hello! / Hi!

    How are you? / How are you today? / Had a good day?

  (*) B : Fine, thank you. And you?

  (*) A : I'm fine, too, thanks.

* 만날 때 또는 헤어질 때 Good day! 또는 Hello! 또는 Goodbye! 〔이를 줄여
    서 'G' day(개데이)〕라고도 한다.

* 오랜만에 우연히 친구를 만날 때

  - Well, look who's here!   아니, 이게 누구야!

  - Well, Well, it is nice to see you again. / It's good to see you.

    아! 만나서 반갑네.

* 막 도착한 사람에게

  - Welcome to Seoul.

    서울에 온 것을 환영합니다.

  - Welcome home.

= Welcome back.

잘 다녀오셨습니까?

* 새해 인사   Happy New Year.

* 부활절 인사   Happy Easter.

* 크리스마스 인사   Happy Christmas. 또는 Merry Christmas.

* 생일 인사   Happy Birthday.

* 작별 인사   Goodbye! Bye! Bye-Bye!   안녕!

See you!

See you later!   } 다시 만납시다.

Take care!   조심하십시오, 안녕(Goodbye!)

Take care of yourself !   몸조심하십시오.

Look after yourself !   조심하십시오.

Have a nice day!   잘 지내십시오.

(*) 잘 모르는 사람에게

- I look forward to seeing you again soon. Goodbye!

곧 다시 만납시다.

- It was nice meeting you. Hope you have a good trip back.

만나서 반가웠습니다. 잘 다녀가십시오.

인정하다

admit [ədmít]

- She admitted that she had made a mistake.

그녀는 자기가 실수를 저질렀음을 시인했다.

- He admitted that he stole the money himself.

그는 혼자서 돈을 훔쳤음을 자인했다.

(일이나 사건) 일어나다

happen [hǽpən] : 계획하지 않은 일이 일어나다

- The traffic accident happened on the bridge.

  다리 위에서 교통사고가 났다.

- Tell me what happened.

  무슨 일이 생겼는지 말해 주십시오.

- I wonder what's happened to Mary?

  나는 메리에게 무슨 일이 일어났는지 궁금하다.

- If you happen to see Tom, ask him to come to my office.

  만약에 톰을 만나면, 내 사무실로 좀 오도록 일러주십시오.

- There happened to be a restaurant on the corner.

  마침 코너에 식당이 있었다.

occur [əkə́:r] : (일이 예고 없이) 일어나다, 어떤 일이 특정한 시기 또는 장소에 일어나다, 머리에 떠오르다

- Foot and Mouth disease occurred in England.

  영국에서 구제역(소 병)이 생겼다.

- Several bush fires have occurred in the dry season.

  건기에 산불이 여러 곳에서 일어났다.

- Suddenly, a good idea occurred to me.

  갑자기 좋은 생각이 떠올랐다.

take place [pleis] : 주로 예정되어 있던 일이나 예기하고 있던 일이 일어날 때

- The rugby match will take place in Wespac Trust Stadium.

  럭비경기는 웨스팩 경기장에서 열린다.

- The board meeting took place yesterday.

  이사회는 어제 열렸다.

- The concert will take place in Michael Fowler Centre tomorrow.

  음악회는 내일 마이클 파울러 센터에서 열린다.

잃다, 놓쳐버리다
lose [luːz]

- New Zealand lost the American Cup Final.

  뉴질랜드는 (요트의) 아메리칸 컵 결승전에서 우승을 놓쳤다.

- I lost my library card.

  나는 도서관 출입증을 잃었다.

- She might lose her house because she lost a lawsuit.

  그녀는 소송에서 졌기 때문에 그녀의 집을 잃을지도 모른다.

- He lost all sense of reason after his wife passed away.

  그는 그의 아내가 죽은 후에 이성을 잃었다.

- I have lost weight, but my wife gained weight.

  나는 체중이 줄고, 아내는 체중이 늘었다.

- More than 200 passengers lost their lives in the ferry disaster.

  그 연락선의 참사로 200명 이상의 승객이 목숨을 잃었다.

- His business lost more than one million dollars last year.

  그의 사업은 작년에 백만 달러 이상을 손해봤다.

- Get lost! 꺼져 버려!

- She likes golf very much and she would be lost without it.

  그녀는 골프를 굉장히 좋아해서, 그것 없이는 기쁜 일이 없다.

- Lost property shall be handed to the lost property centre.

  잃어버린 물건은 분실물 신고 센터에 맡겨질 것이다.

있음직 하지 않은
unlikely [ʌnláikli] : 확실하지 않지만 일이 생길 것 같지 않으며, 사실이 아닌 것 같다

- She is unlikely to come.

  그녀는 올 것 같지 않다.

- It is unlikely to rain.

비가 올 것 같지 않다.

- A strike seems unlikely.

파업이 일어날 것 같지 않다.

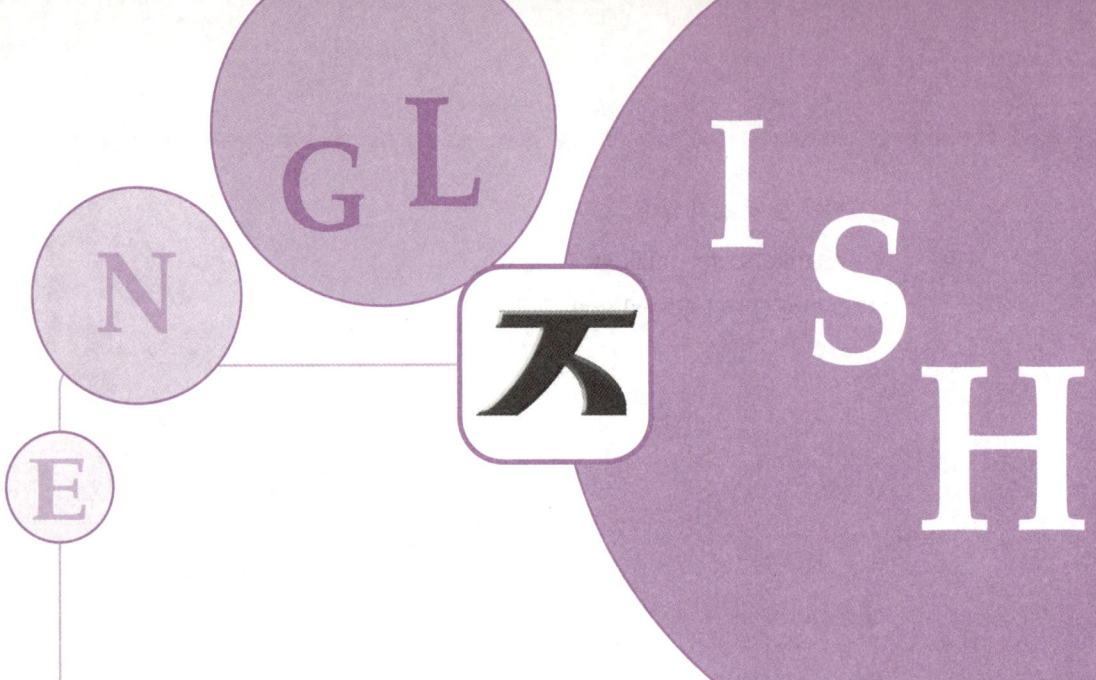

자동차 엔진 덮개 : (영) bonnet [bάnitl]   (미) hood [hud]
자동차 뒤 짐 넣는 곳 : (영) boot [buːt]   (미) trunk [trʌŋk]
  a garage [gərάːʒ | gǽrɑːdʒ] : 자동차 정비공장
  garage 의 다른 뜻

- a garage : 차고(보통 집에 같이 있다)

- a single garage : 차가 한 대 들어갈 수 있는 차고

- a double garage : 차가 두 대 들어갈 수 있는 차고

- Garage Sale : 주로 이사를 가거나, 살림을 정리할 때, 쓰던 물건을 아주 헐값에 파는 것을 말한다. 이때 보통 물건을 차고나 마당에 내놓고 판다. Garage Sale은 돈을 벌기보다는 아직도 쓸 수 있는 물건을 나누어 쓴다는 데 목적이 있다. 근검절약 정신이 담긴 오래된 전통이다. 이를 (미)에서는 'yard sale', 'tag sale' 이라고도 하며, (영)에서는 'car boot sale' 이라고도 한다.

~할 작정이다, 할 예정이다, 하려고 하다
be going to do

- I am going to write a letter.

  나는 편지를 쓰려고 하는 중이다.

- She was going to leave her job.

  그녀는 직장을 떠나려고 했었다.

- I am going to be a writer.

  나는 작가가 될 것이다.

- The talks are going to be a success.

  그 회담은 성공할 것이다.

잘하다, 잘했다

- Well done!   잘 했다.

'well-done' 은 '고기를 잘 익힌 것' 을 뜻한다.

- Good for you!   잘했다 / 거, 잘했다 / 말 잘했다.

- Good on you! (많이 사용한다.)   잘했다. 당신이 한 것에 동의한다.

- Good luck!   잘해라. 행운을 빈다.

- Good man!   잘했다. 훌륭하다.

Good for three months. 유효기간 3개월

- A car good for another 10 years.   아직 10년을 더 탈 수 있는 차

자다, 활동, 잠자다

sleep [sli:p] ：잠자다, 자다, 활동

- I am exhausted from lack of sleep.

  나는 잠을 못 자서 지쳐 있다.

- I didn't have enough sleep last night.

  나는 간밤에 잠을 잘 못 잤다.

- Try and get some sleep.

좀 자도록 해봐라.

- Do you want to sell your car?

네 차를 팔 생각이니?

- I'll sleep on it.

하룻밤 더 생각해 보구요.

잡담하다

chat [tʃæt] : 친하게, 우호적으로 잡담하는 것

- I had a chat with her for a while.

나는 그녀와 얼마동안 잡담을 했다.

- He is chatting with his professor.

그는 교수와 잡담을 하고 있다.

- She was chatting one of the players up.

그녀는 선수 가운데 한 명에게 마음이 끌려서 그와 함께 잡담을 했다.

※ chat up = 마음에 끌려서 잡담하다.

- We chatted about our school times.

우리는 학창시절에 대한 잡담을 했다.

- Let's chat over a cup of tea.

차 한 잔 하면서 이야기나 합시다.

gossip [gάsəp] : 주로 남의 사생활, 소문, 동네 소식 등에 대하여
수다를 떠는 것

- She spent all morning talking gossip.

그녀는 아침 내내 수다 떨면서 시간을 보냈다.

- My daughter gossiped with her aunt for hours.

내 딸은 자기 숙모와 몇 시간 동안 수다를 떨었다.

전화 요금(수신자 부담의) : (영) a reverse charge call, (미) a collect
call

적은(사람이나 물건의 수가 적은) a few, few 둘다 뒤에 복수 가산명사가 온다.

a few [fjuː] : 조금은 있다, 약간은 있다

- I have a few girl friends.

  나는 여자친구가 몇 명 있다.

- A few boys are playing in the ground.

  아이들 몇 명이 운동장에서 놀고 있다.

- A few of them are old.

  그들 중에 몇 명은 늙은 사람이다.

- We had a few drinks after dinner.

  우리는 저녁식사 후에 몇 잔씩 했다.

- There are a few books for children in my study.

  내 서재에는 어린이가 읽을 책이 몇 권 있다.

few : 적다, 조금밖에 없다, 거의 없다(부정적 의미)

- I have few boy friends.

  나는 남자친구가 거의 없다.

- Few of them are young.

  그들 중에는 젊은 사람이 거의 없다.

- Her memories of her mother are few.

  그녀는 자기 엄마의 기억이 거의 없다.

대화에서는 'few' 단독으로는 잘 쓰지 않는다.

- I haven't got many girl friends.

= I don't have many girl friends.

= I have a few girl friends.

※ I have few girl friends. 라고 하지 않는다.

적은(양을 나타낼 때) a little, little 둘다 뒤에 불가산 단수명사가 온다

a little [lítl] : 조금은, 얼마쯤은 있는

little : 조금(소량)밖에 없는

- There is a little sugar in the bowl.

   공기에 설탕이 (아직도) 조금 있다.

- There is little coffee in the bottle.

   병에 커피가 조금밖에 없다.

- There is a little hope of his success.

   그가 성공할 희망이 조금은 있다.

- There is little hope of his recovery.

   그가 회복할 가망은 거의 없다.

- Please wait a little while.

   조금만 기다려 주십시오.

- I have only a little money.

   돈이 조금밖에 없다.

- I had made a little progress.

   조금은 진전이 있었다.

- Little has changed in this town.

   이 동네는 거의 변하지 않고 그대로다.

대화에서는 'little' 단독으로는 잘 쓰지 않는다.

- I haven't got much money.

= I don't have much money.

※ I have little money. 라 하지 않는다.

- I dont' have much time. I should leave now.

   시간이 얼마 없어서, 지금 가봐야 되겠습니다.

많은(다수의, 다량의)

many [méni] : 많은(다수의), few와 대비되며 항상 복수 취급을 한다.

   many people, many books, many tourists 등

much [mʌtʃ] : 많은(다량의), little과 대비되며 항상 물질명사 · 추상명사 등의 불가산 명사와 함께 쓰며, 단수 취급을 한다.
much water, much aid, much fruit 등

다음과 같은 표현도 많이 쓴다.

나는 할 일이 아주 많이 있다.

(*) (뉴, 호) : I have heaps of work to do.

(영) : I have loads of work to do.

파티에 아주 많은 사람들이 참석했었다.

(뉴, 호) : There were heaps of people at the party.

(영) : There were loads of people at the party.

전체의, 완전한, 합계의
total [tóutəl]

- The club has a total of 500 members.

그 클럽에는 500명의 회원이 있다.

- The total number of sheep in New Zealand is more than 60 million.

뉴질랜드에 있는 양은 총 6천만 마리 이상이다.

- The car exports will total one hundred thousand this year.

금년에 차 수출량은 총 10만 대가 될 것이다.

- I have experienced a total failure in business.

나는 사업에서 완전히 망한 경험이 있다.

- I have total confidence that he will succeed in business.

나는 그가 사업에 성공할 것이라는 확신을 갖고 있다.

- Young people have totally different thinking from that of old people.

젊은이들은 노인들과는 전적으로 다른 생각을 갖고 있다.

- The village was totally destroyed by the aerial bombing.

그 마을은 공습으로 온전히 파괴되었다.

전화 걸기 : 전화를 걸 때 쓰는 말들

- Hello, May I speak to Tom, please?
  여보세요, 톰 좀 바꿔주세요?
- Speaking. / This is Tom speaking.
  저는 톰입니다.

- Who's that? 누구십니까?
= Who's calling?
= Who's speaking?
= Who am I speaking to?

- Just a minute, please. / One moment, please. 잠깐만 기다리세요.
= Hold the line, please.
= Hold on, please.
= Please hold.

- He's not in. 지금 안 계십니다.
- He's out for the moment. 지금 외출중입니다.

- Can I leave a message? 전할 말이 있는데요?
- May I take a message? 전하실 말씀이 있습니까?
= Would you like to leave a message?

- Can you hear me? 내 말 들립니까?
- Are you there? 내말 듣고 있습니까?

- Where can I reach you? 어디로 연락하면 됩니까?
- You can reach me at (02) 123-1234.

(02) 123-1234로 연락하면 됩니다.
- How come you didn't call me yesterday?   어제 왜 전화 안 했어요?
- I called you, but there was no answer. / ~ , but nobody answered.
  전화했지만, 아무도 전화를 안 받더군요.

- The line is busy.   통화중이다.
- He is on the phone.   그는 통화중입니다.

- Please call me later.   다시 전화해.
= Please ring me up later.
= Please give me a ring later.

- I'll phone back later. Goodbye.   다시 전화할게.
- Bye, speak to you soon.   안녕, 다시 전화할게.

절대적으로, 전적으로, 참으로
absolutely [ǽbsəlùːtli] : 절대적으로, 전적으로, 참으로

- She is absolutely right.

  그녀가 전적으로 옳다.

- I absolutely refuse to accept the proposal.

  나는 절대로 그 제안을 받아들일 수 없다.

긍정이나 부정을 강하게 말할 때 많이 사용하는 표현이다.

 - Do you agree it?

 당신은 거기에 동의합니까?

긍정(yes) : Absolutely.   전적으로 동의합니다.

부정(no) : No, absolutely not.   절대로 동의하지 않습니다.

접근, 면접, 출입

access [ǽkses] : 접근해서 건물이나 장소에 출입하다

- He is only able to gain access to the restricted area.

  그만이 그 제한구역에 들어갈 수 있다.

- James Cook Hotel has easy access to the central city.

  제임스 쿡 호텔은 시내 도심지로 쉽게 갈 수 있다.

- The ramps have been made to give access to the trolley users.

  손수레 이용자가 쉽게 갈 수 있도록 경사로가 만들어져 있다.

- Any convicts is allowed access to his lawyer.

  어떤 피의자도 그의 변호사와 면접할 수 있다.

- I want to stay at a hotel within easy access of Seoul.

  나는 서울에 쉽게 갈 수 있는 호텔에 머물고 싶다.

approach [əpróutʃ] : 접근해 가는 것, 다가가는 것

- When I approached behind her back, she didn't notice me.

  내가 그녀의 뒤에서 가까이 다가갔을 때, 그녀는 알아차리지 못했다.

- He approached several builders to build his house.

  그는 그의 집을 짓기 위해서 목수 몇 명과 접촉했다.

- A typhoon is approaching.

  태풍이 접근해 오고 있다.

- As spring approached, the flowers started to bloom.

  봄이 가까이 오자, 꽃들이 피기 시작했다.

- Power prices have approached their highest level since 1992.

  전깃세가 1992년 이래 최고 수준에 이르렀다.

정상, 꼭대기, 윗면

top [tɑp]

- We climbed the top of the mountain.

  우리는 산 정상에 올랐다.

- Mum bought me a new top in Hong Kong.

  어머니는 홍콩에서 내게 줄 새 웃옷을 사오셨다.

- He is a top ranking officer in the department of foreign affairs.

  그는 외무부의 고위관리이다.

- My daughter was the top student in maths.

  내 딸은 수학에서 정상을 차지한 학생이었다.

정원, 뜰, 마당

(영) garden [gáːrdən] : 옆집과의 사이에 있는 뜰. 꽃, 채소, 나무들을 심으며 보통 잔디밭이 있다.

  ※ back garden : 뒤뜰

  ※ garden centre : 꽃, 정원수, 정원용 각종 물건을 파는 가게

(미)는 이를 'yard' 라 한다.

  ※ front yard : 앞뜰

  ※ backyard : 뒤뜰

제안하다

suggest [səgdʒést | sədʒést] : 어떤 계획이나 생각을 다른 사람에게 생각해 보도록 하다, 권하다, 제안하다

- I suggested to him to leave Seoul.

  나는 그에게 서울을 떠날 것을 제안했다.

- I suggested to Mary that we go out for a dinner with Tom.

  나는 메리에게 톰과 함께 저녁식사를 같이 할 것을 제안했다.

- My family doctor suggested to me that I should drink a lot of water.

  주치의가 내게 물을 많이 먹으라고 권했다.

- Please read the instructions carefully on the packet and take only the suggested dose.

  포장에 적혀 있는 용법을 잘 읽고서 지시된 분량만큼만 드십시오.

제의하다(의견, 안), 제공하다, 제안하다

offer [ɔ́(ː)fər] : 가져도 되고 사용해도 된다, 해주겠다, 사랑이나
    우정을 보내다

- I offered him accommodation for a week.

    나는 그에게 일 주일 동안의 숙소를 제공했다.

- He offered them an opinion.

    그는 그들에게 의견을 제안했다.

- The priest offered prayers.

    목사는 하느님께 경배를 드렸다.

- New World Supermarket offers a 5% discount to card holders.

    뉴월드 슈퍼마켓은 구매카드 소지자들에게 5%할인을 제공한다.

- The landlord offered 100,000 dollars for his house.

    집주인은 그의 집을 100,000달러에 팔려고 했다.

propose [prəpóuz] : 고려해서 결정해 주도록 한 계획이나 안을
    제안하다

- The designer proposed changes to the golf course.

    설계사는 그 골프장을 변경할 것을 제안했다.

- The tenants proposed that the housing corporation to improve their
    accommodations.

    세 사는 사람들은 주택공사에 그들의 주거시설을 개량해 줄 것을 제안했다.

- I proposed marriage to her.

    나는 그녀에게 청혼을 했다.

- The government is about to propose the tax reform.

    정부는 세제개혁안을 곧 제안할 것이다.

- The host proposed a toast to the health of everyone.

    주인은 참석한 모든 사람들의 건강을 위해서 축배를 제의했다.

좋아하다
like [laik]

- I like tennis.

   나는 테니스를 좋아한다.

- What food do you like best?

   무슨 음식을 가장 좋아합니까?

- How do you like fishing?

   낚시를 좋아하십니까?

- I don't really like her smoking so much.

   나는 그녀가 담배를 너무 많이 피우는 것을 정말로 싫어합니다.

좋아, 잘됐다

- Can you meet me at the airport?

   공항에서 만날 수 있겠니?

- Good as gold !

   그래, 좋아!

- Good for you.

   잘됐다.

- It's a good thing. (운 좋다. 재수 좋다.)

= It's a good job. (잘됐다. 운 좋다.)

= Good on you.

주다
give [giv]

- She gave me smile with her eyes.

   그녀는 나에게 눈웃음을 보냈다.

- I will give her a lift to the school.

   나는 그녀를 학교까지 태워다 줄 것이다.

- The pianist gives piano lessons to my daughter.

그 피아노 선생님이 내 딸에게 피아노를 가르친다.

- She gave me your telephone number and address.

그녀는 나에게 당신의 전화번호와 주소를 알려 주었다.

- Please give my best regards to your uncle.

당신 아저씨에게 내 안부를 전해 주십시오.

- The lecturer gave me an outline of the essay.

교수는 나에게 논문의 개요를 알려 주었다.

- She gave me the shock of a broken heart.

그녀는 나에게 실연의 충격을 주었다.

- The mayoral candidate gave us his political views clearly.

그 시장후보는 우리에게 그의 정치적인 견해를 확실하게 밝혔다.

- I will give a farewell party for my colleagues.

나는 나의 동료직원들에게 송별연을 열어 주겠다.

- Mum gave me a necklace for my birthday present.

어머니는 나에게 생일선물로 목걸이를 주셨다.

- This bracelet watch was given to me by my sister.

이 손목 시계는 언니가 나에게 준 것이다.

- The amendment bill will give too much power to the president.

그 개정법은 대통령에게 너무 많은 힘을 줄 것이다.

주유소, 급유소

(영)에서는 주유소를 petrol station [pétrəl stéiʃən]이라 한다.

- Where is a petrol station?

주유소가 어디에 있습니까?

(미)에서는 주유소를 gas station [gæs stéiʃən] 이라 한다.

- Where is the nearest gas station?

이 근처에 제일 가까운 주유소가 어디에 있습니까?

주저하다(주저하지 마라)
hesitate [hézitèit], reluctant [rilʌ́ktənt]

- If something is wrong, please don't hesitate to contact our customer service department.

  하자가 있으면, 주저하지 말고 고객서비스과에 연락하십시오.

- Don't hesitate to call me whenever you have a problem.

  무슨 문제가 생기면 언제든지 제게 연락하십시오.

- I hesitated to take his advice.

  나는 그의 충고를 별로 받아들이고 싶지 않았다.

- He hesitated to take such a dangerous step.

  그는 그런 위험한 방책을 쓰는 것을 주저했다.

- She was reluctant to ask for help.

  그녀는 도움을 청하는 것을 꺼렸다.

- He was reluctant to get involved in her personal affairs.

  그는 그녀의 사생활에 관련되는 것을 꺼렸다.

준비하다, 마련하다, 공급하다
prepare [pripέər] : 일어날 일에 대비하여 미리 마련하다

- US is preparing for a war against Afghanistan.

  미국은 아프가니스탄과의 전쟁을 준비중이다.

- She is writing an essay which will require 100 hours to prepare.

  그녀는 준비하는 데 100시간이 소요되는 논문을 쓰고 있다.

- He has to prepare himself to catch the first flight.

  그는 첫 비행기를 타기 위해서 모든 준비를 해야 한다.

- The surgeon told her to prepare herself for surgery.

  외과의사는 그녀에게 수술 받을 준비를 하라고 말했다.

- She is preparing dinner for them.

  그녀는 그들의 저녁을 준비하고 있다.

- The workers are prepared to take industrial action.

노동자들은 노동쟁의에 들어갈 준비가 되어 있다.

provide [prəváid] : 준비하다, 필요한 것을 공급하다

- They provided an exit for emergencies.

그들은 비상사태를 대비해서 비상구를 마련했다.

- I am pleased to provide some food for them.

나는 그들에게 얼마간의 식품을 기꺼이 공급하겠다.

- CIA would not provide any details about the suspects.

미 정보국은 용의자들에 대한 어떤 명세도 알려 주지 않을 것이다.

- He has always prepared for an emergency.

그는 항상 비상사태에 대비하고 있다.

줄서다

line up [ʌp], queue [kjuː]

- The students lined up to have lunch in the dining hall.

학생들은 구내식당에서 점심을 먹기 위해서 줄을 섰다.

- Many people are lining up in front of the ticket window to buy tickets.

많은 사람들이 표를 사려고 매표창구 앞에 줄 서 있다.

- My granddaughter lined up her dolls on the floor.

내 손녀는 그녀의 인형을 마루에 줄지어 놔두었다.

- The barman took out the wine glasses from the dish washer and lined them up behind the bar.

바텐더는 접시 닦는 기계에서 와인 잔을 꺼내어 바 뒤에 줄지어 걸었다.

※ 바텐더: (영) a barman, a barmaid, (미) a bartender

- They have to queue up for the ferry.

그들은 페리를 타기 위해서 줄을 서야 했다.

- He waited in the queue to buy a ticket for the tri-nations rugby match.

그는 3국간 럭비경기 표를 사기 위해서 줄을 서서 기다렸다.

중도에 그만두다

drop [drɑp]

- He had dropped out of college at form 5 and returned to Seoul.

  그는 고등학교의 Form 5에서 중도에 그만두고 서울로 돌아갔다.
- She dropped out after 1000m with cramp in her calf muscles.

  그녀는 장딴지 근육에 경련이 일어서 1000미터가 지난 지점에서 그만두었다.

중지하다, 연기하다, 정학시키다

suspend [səspénd]

- The employees suspended strike action indefinitely.

  고용인들은 파업을 무기한으로 연기했다.
- The boy was suspended from the school for a week because of a fight.

  그 소년은 싸움 때문에 학교에서 일 주일간 정학처분을 받았다.
- His team was suspended from the union.

  그의 팀은 협회로부터 일시적으로 자격정지 처분을 받았다.

즐기다, 즐겁게 보내다

enjoy [indʒɔ́i] : 즐기다, 맛보다, 재미보다, 누리다

※ 타동사이므로 목적어를 둔다.

- I enjoy playing golf.

  나는 골프를 즐긴다.
- I have enjoyed talking to you about school life.

  나는 당신에게 학창시절 이야기를 할 수 있어서 즐거웠습니다.
- I enjoyed the summer holiday.

나는 여름휴가를 즐겼다.

※ enjoy oneself : 즐기다, 즐겁게 보내다. 단, enjoy 다음에는 재귀대명사 -self를 쓴다.

- I've enjoyed myself very much.

대단히 즐겁게 보냈습니다.

- Enjoy yourself tonight!

오늘 저녁 즐겁게 놀게!

※ 비슷한 표현들

- I enjoyed your company.

당신과 함께 해서 즐거웠습니다.

- I enjoyed being with you.

당신과 같이 있어서 즐거웠습니다.

- Please make yourself at home.

아주 편하게 하십시오.

- Please make yourself comfortable.

편하게 하십시오.

지루한, 싫증나는

bored [bɔ:rd] : (내 자신이) 지루한, 싫증나는

- I am getting very bored with this sport.

나는 이 운동이 싫증난다.

- I am bored today.

나는 오늘 지루하다.

boring [bɔ́:riŋ] : (다른 사람이나 일, 사건 등이) 지루한

- His lecturer is boring.

그의 강의는 지루하다.

- This drama is boring.

이 드라마는 지루하다.

지배하다, 통제하다(관리하다)
control [kəntróul], dominate [dάmənèit]

- After the chairman died, his son took control of the company.
  회장이 죽고 난 후 그의 아들이 회사를 경영했다.
- She is in control of the committee.
  그녀가 위원회를 지배하고 있다.
- All the broadcastings services and newspapers are taken under control by the revolutionary army.
  모든 방송과 신문이 혁명군의 통제하에 들어갔다.
- She lost control of her car on the icy road.
  그녀는 빙판 길에서 차의 통제력을 잃었다.
- He is a short-tempered boy, so sometimes he loses control.
  그는 성마른 아이라서 가끔 자제력을 잃는다.
- The government tries to control inflation.
  정부는 통화팽창을 억제하려고 애쓰고 있다.
- It is impossible that one company could dominate the whole market.
  한 회사가 전 시장을 지배할 수 있다는 것은 불가능하다.
- He is dominated by his wife in their relationship.
  그와 아내와의 관계는 내 주장이다.

지원하다, 지지하다
support [səpɔ́:rt]

- The community centre supported aged people in learning computer skills.
  지역사회센터에서는 노인들이 컴퓨터 기술을 배울 수 있도록 도왔다.
- The car makers supported the plan to restrict the import of the used cars.   자동차 제조업자들은 중고차 수입규제안을 지지했다.
- Teachers gave their full support to education reform.

선생님들은 교육개혁에 전폭적으로 지지를 했다.

- I hope to continue to get your kind support and attention.

나는 당신의 지원과 배려가 계속되기를 희망합니다.

- This donation will be used for supporting the activities of the cancer society.

이 기부금은 암협회의 활동을 지원하는 데 사용될 것입니다.

지저분한, 더러운, 엉망으로
mess [mes], messy

- The garden shed is a mess with rusty tools, leftover paint cans, flower pots, etc.

정원창고는 녹슨 도구들, 쓰다 남은 페인트통, 화분 등으로 엉망으로 되어 있다.

- Don't leave the bathroom in a mess.

화장실을 지저분하게 하지 마시오.

- My wife can't stand mess.

아내는 지저분한 것은 질색이다.

- The boarder's room was in a mess.

하숙생의 방은 지저분했다.

- My life is in such a mess.

내 인생은 엉망이다.

- The inside of your car is very messy.

당신의 차 안은 대단히 지저분하다.

지하도
(영) subway [sʌ́bwèi]
(미) underpass [ʌ́ndərpæ̀s | ʌ́ndərpɑ̀ːs]

지하철

    (영) 'underground[ʌ̀ndərgráund]', 특히 런던에서는 'tube [tjuːb]'
    라 한다.

    (미) 'subway [sʌ́bwèi]' 라 한다.

지폐, 은행권

    (영) 지폐를 'note [nout]' 라 한다.

    (미) 지폐를 'bill [bil]' 이라 한다.

진공청소기 a hoover, a vacuum cleaner

    (영) 특히 영국에서는 진공청소기를 a hoover라 한다.

       (여기서 Hoover는 상표명이다.)

- Please hoover your room using that hoover.

    저 진공청소기로 당신 방을 청소하십시오.

- He hoovered the lounge.

    그는 응접실을 (진공청소기로) 청소했다.

    (다른 지역에서는 주로 a vacuum cleaner라 한다.)

    (미) a vacuum cleaner라 한다.

- Please vacuum your room using that vacuum cleaner.

    청소기로 당신의 방을 청소하십시오.

- I will vacuum the carpets next Sunday.

    나는 다음 일요일에 양탄자를 (진공) 청소할 것이다.

진실의, 진짜의, 정말의

    real [ríːəl] : (사상이나, 꾸며낸 이론이 아닌) 실제로 존재하는 것

- It is not a dream. It is real.

    그것은 꿈이 아닌 실제이다

- This jacket is made of real sheepskin leather. It is not an imitation.

이것은 진짜 양가죽으로 만든 재킷이다. 모조품이 아니다.

- She is wearing a real diamond ring.

  그녀는 진짜 다이아몬드 반지를 끼고 있다.

- She was Tom's first real girlfriend.

  그녀는 톰의 진짜 첫 애인이었다.

- He is not a real patient. He is pretending to be ill.

  그는 진짜 환자가 아니다. 아픈 체 하고 있는 것이다.

- The book was published under the assumed name instead of his
  real name.

  그 책은 그의 실명이 아닌 가명으로 발간되었다.

true [truː] : 사실에 바탕을 둔 정확하고 믿을 수 있는 것

- Everything she told me about the matte was true.

  그녀가 나에게 말한 모든 것이 사실이었다.

- The film is a true story of a woman who was kidnapped.

  이 영화는 납치를 당했던 한 여자의 실제 이야기이다.

- They hesitated to express their true feeling.

  그들은 자기들의 진실된 감정을 표현하기를 주저했다.

- The dream of owing my own house came true finally.

  내 집을 갖고 싶은 내 꿈이 드디어 실현되었다.

짧은

short [ʃɔːrt] : 시간적 · 공간적으로 짧은 것, 불충분한, 부족한

- She came to see me a short time ago.

  그녀는 조금 전에 나를 보러 왔다.

- They had a short talk.

  그들은 짧게 이야기를 했다.

- She is shorter than my sister.

  그녀는 내 여동생보다 키가 작다.

- I am short of money.

  나는 돈이 모자란다.

- My son is short-tempered sometimes and gets angry easily.

  내 아들은 가끔 성질이 급해서 쉽게 화를 낸다.

- The police station is short-staffed.

  경찰서에 인원이 모자란다.

- I am very short-sighted, so I have to put on my glasses.

  나는 눈이 아주 나쁘기 때문에 안경을 써야 한다.

brief [bri:f] : 시간적으로 짧지만 요점이나 간결함이 있다

- Tonight the president made a brief appearance on TV.

  오늘 저녁에 대통령이 잠깐 텔레비전에 출연했다.

- She made a brief speech.

  그녀는 짧게 연설을 했다.

- The prime minister will hold a press briefing this afternoon.

  오늘 오후에 수상이 기자 회견을 할 것이다.

쪼개지다(주로 힘에 의해서 쪼개져서 갈라지다)
split [split]

- You may simply split an apple in half by hand.

  당신은 쉽게 손으로 사과를 반으로 쪼갤 수 있다.

- More than 10 million families were split by the Korean War.

  한국전쟁으로 천만 이상의 가족이 헤어졌다.

- The cargo ship was split in two by a gale and high waves.

  화물선은 강풍과 높은 파도에 의해서 두 동강 났다.

- He split a log into two.

  그는 통나무를 두 쪽으로 갈랐다.

- She proposed to us to split the bill.

  그녀는 각자 계산하자고 제안했다.

- She split up with her boyfriend sometime ago.

  그녀는 애인과 얼마 전에 헤어졌다.

쪽으로, 향하여

(영) towards, (미) toward

- He walked long the corridor towards the cafeteria.

  그는 복도를 따라서 카페테리아 쪽으로 걸어갔다.

- Her home faces towards the south.

  그녀의 집은 남향이다.

- She looked towards me and smiled.

  그녀는 내 쪽을 바라보면서 미소를 지었다.

- He will begin thinking towards a different direction.

  그는 다른 방향으로 생각을 하게 될 것이다.

- My love towards her has cooled down.

  그녀를 향한 나의 사랑은 식었다.

차라리 ~을 좋아하다, ~ 택하다
　　prefer [prifə́:r]

　　　　- I prefer wine to beer.　나는 맥주보다 와인을 좋아한다.

　　　　- I prefer to live lone.　나는 차라리 혼자 사는 게 좋다.

　　　　- I became a mechanic because I preferred machinery.

　　　　　나는 기계를 좋아했기 때문에 기계공이 되었다.

　　　　- She preferred to stay at home rather than go out.

　　　　　그녀는 외출하는 것보다 집에 있는 것을 더 좋아했다.

차려입다

　　dress [dres] up [ʌp] : 잘 차려입다(정장 등으로 평소보다 옷을 잘
　　　　입은 것)

　　　　- You don't need to dress up for tonight's party.

　　　　　오늘 저녁 파티에 너무 잘 차려입고 오지 않아도 됩니다.

- You're all dressed up tonight.

  오늘 모두 잘 차려 입었군.

- I have never seen her dressed up. She looks stunning.

  나는 그녀가 저렇게 잘 차려 입은 것은 오늘 처음 보네. 너무 멋있어 기절하겠군.

- She dressed up as an actress.

  그녀는 마치 배우처럼 입었어.

참을 수 없다
can't stand

- I can't stand any more. Please give me some pain killer.

  더 이상 참을 수가 없습니다. 진통제를 좀 주십시오.

- He said he could stand an insult to a certain extend.

  그는 그가 어느 정도의 모욕은 참을 수 있다고 말했다.

- I can't stand her.

  나는 그녀를 대단히 싫어한다.

찾다, 수색하다, 뒤지다(찾는 대상을 목적어로 하지 않음)
search [səːrtʃ]

- The rescue team has started searching for the missing boy.

  구조대는 실종된 소년을 찾기 시작했다.

- The police searched the shed for weapons.

  경찰은 무기를 찾으려고 헛간을 수색했다.

- Relief workers were searching under the collapsed building for anylive.

  구조원들은 무너진 건물 밑에 생존자가 있는지 찾고 있었다.

- The search for a missing woman was postponed because of bad weather.

실종된 여인의 수색은 날씨가 나빠서 연기되었다.

- The customs officer searched her and handbag for drugs.

세관원은 마약소지 혐의로 그녀의 몸과 손가방을 수색했다.

찾아내다, 발견하다

find [faind] : 무엇을 찾았을 때, 그것이 눈에 띈다든지 어디 있는지를 알 때

- His house is not easy to find.

그의 집은 찾기가 쉽지 않다.

- The girl was found dead.

그 소녀는 죽어 있었다.

- He found his wallet in the car.

그는 지갑을 차 안에서 찾았다.

- I can't find my key.

열쇠를 찾을 수가 없다.

- Will you find me a good one?

좋은 것으로 하나 골라 주시겠습니까?

- My daughter found a job in London.

내 딸이 런던에서 일자리를 구했다.

find out : 사실을 찾아내거나 알아낼 때

- I found out that my brother was wrong.

내 동생이 잘못했다는 것을 알았다.

- The police found out who stole money from the safe.

경찰은 누가 금고에 있는 돈을 훔쳤는지를 알아냈다.

discover [diskʌ́vər] : (전에 몰랐던 것을) 찾아내다, 알다

- The police discovered that the thief had escaped.

경찰은 도둑이 도망쳤다는 것을 알았다.

- I discovered she was pregnant.

나는 그녀가 임신했다는 것을 알았다.

- Columbus discovered America.

콜럼버스가 아메리카대륙을 발견했다.

- His statement was discovered to be false.

그의 진술이 거짓임이 드러났다.

- The enemy discovered they were surrounded.

적은 포위 당한 사실을 알게 되었다.

detect [ditékt] : 장비나 조사로 숨어 있는 것을 찾아낼 때

- The soldiers used mine detecters to detect the buried mines.

군인들은 지뢰를 찾아내기 위해서 지뢰탐지기를 사용했다.

- He detected the leakage of gas in his kitchen.

그는 부엌에서 가스가 새는 것을 찾아냈다.

- Most diseases can be cured if detected and treated early.

대개의 병은 조기에 발견해서 치료를 하면 나을 수 있다.

책임 있는, 책임져야 할

responsible [rispánsəbl]

- The driver of a coach is responsible for the passenger's safety.

버스 운전기사는 승객의 안전을 책임져야 한다.

- I try to find out who is responsible for the fire.

나는 그 화재가 누구의 책임인가를 알아내려고 하고 있다.

- The deputy mayor is responsible for public transportation.

부시장이 대중교통부문을 책임지고 있다.

- I am responsible for the committee members.

나는 회원들을 책임지고 있다.

- Doctors should be more responsible with what they treat patients.

의사들은 환자를 어떻게 치료하느냐에 대해서 좀더 책임을 져야 한다.

책방, 서점　(영) bookshop[búkʃàp | búkʃɔ̀p]

(미) bookstore [búkstɔ̀:r]

철물점

뉴질랜드에는 'Mitre 10'이라는 철물점이 있다. 집에 필요한 것들이 거의 비치되어 있는 만물상이라서 사람들이 많이 찾는다. 한국에서 온 대부분의 고학력 이민자들도 미국식 영어에 젖어 있어서 이를 '마이트러 텐'이라 부르고 있는데, 이는 '마이터 텐'이라고 발음해야 한다. 이런 단어가 많이 있으니 철자와 발음에 유의해야 한다.

예) centre-center,   calibre-caliber,   fibre-fiber,   litre-liter,   metre-meter,
theatre-theater, mitre-miter

철자상의 다른점

mould-mold,   acknowledgement-acknowledgment,
counsellor-counselor,   kidnapper-kidnaper,   enclose-inclose,
instalment-installment,   draught-draft,   speciality-specialty,
tyre-tire,   whisky-whiskey,   woollen-woolen 등이 있다.

체계, 조직, 방식, 계통
system [sístəm]

- The present system of secondary education has been reformed, which
will be effective from next year.

현재의 중등교육 제도는 개정되었으며, 내년부터 시행된다.

- This house is equipped with a gas central heating system.

이 집은 중앙 집중식 가스 난방 방식으로 설비되어 있다.

- The subway system in Seoul is very convenient.

서울의 지하철 체계는 아주 편리하다.

- Smoking would seriously damage your respiratory system.

흡연은 당신의 호흡기 조직을 심하게 손상시킬 것이다.

- Some countries still don't adopt the decimal system.

어떤 나라에서는 아직도 십진법을 채택하지 않고 있다.

- The earth is a planet in the solar system.

지구는 태양계 안에 있는 한 별이다.

- Your nervous system controls your movement, thought and feelings.

당신의 신경계통은 당신의 행동과 생각과 감정을 다스린다.

- She studies her subjects in a systematic way.

그녀는 체계적으로 공부를 한다.

초점

focus [fóukəs]

- Today we will focus on the policy for unification of the Korean peninsula.

오늘의 토의는 한반도 통일정책에 초점을 두겠습니다.

- His research has focused on the organic growing of fruit and vegetables.

그의 연구는 유기농법에 의한 과일과 야채의 재배에 초점을 두었다.

- Human rights in China are increasingly the focus of international attention.

중국의 인권문제가 국제적인 관심사로 떠오르고 있다.

- His eyes can't focus on what he see because of his short-sight.

그는 근시 때문에 보는 것에 초점을 맞출 수 없다.

추측하다, 추정하다

guess [ges] 추측으로 대답하거나 의견을 말하다

- Can you guess what I have eaten?

내가 무엇을 먹었는지 말해 봐라?

- I guess the population of this village is less than 500 people.

내 추측으로는 이 마을의 인구는 500명 이하다.

- She guesses my height is about 170cm.

그녀는 내 키를 170센티미터로 추정했다.

- I guess I can finish the work before 5p.m..

나는 그 일을 오후 5시 이전에 끝낼 것 같다.

- I guess he is wrong.

나는 그가 잘못했다고 생각한다.

축구

(영) football [fútbɔ̀:l]

(미) soccer [sákər | sɔ́kə]

※ 럭비 : (영)에서는 'rugby' 또는 'rugby football' 이라 하고, (미)에서는 'American football' 이라 한다. 하지만 rugby와는 다소 다르다. American football에서는 선수들이 protector를 사용하지만, rugby에서는 protector를 사용하지 않는다.

충격, 충격을 주다

shock [ʃɑk]

- She has never recovered from the shock of her husband's death.

그녀는 남편의 죽음에서 받은 충격으로부터 회복되지 못했다.

- She is still ill in bed with shock.

그녀는 충격으로 아직 병석에 누워 있다.

- The rapist gave her a terrible shock.

강간범은 그녀에게 굉장한 충격을 주었다.

- Another oil shock is likely to threaten the economy.

또 다른 오일 쇼크가 경제를 위협할 것 같다.

- It is dangerous to touch any electric goods with wet hands which will cause an electric shock.

젖은 손으로 전기 제품을 만지면 전기 쇼크를 일으킬 수 있기 때문에 위험하다.

충돌하다

clash [klæʃ] : 다른 사람과 싸우다, 논쟁하다, 불일치하다, 믿음·생각·질이 각기 다르다, 두 개가 겹치다

- A group of demonstrators clashed with police in front of parliament building.

  데모대와 경찰이 국회의사당 건물 앞에서 충돌했다.

- His proposal clashed with the company's interest.

  그의 제안은 회사의 이익에 상반되었다.

- Your purple lounge suite clashed with the carpet.

  당신의 자줏빛 응접실 가구와 양탄자는 어울리지 않았다.

- Korea will clash with America in the world cup soccer preliminary match.

  한국은 미국과 월드컵 축구 예선전에서 싸울게 될 것이다.

- My Chinese class clashed with French, so I have to change my timetable.

  중국어 시간과 불어 시간이 서로 겹쳐서 시간표를 바꾸어야 한다.

crash [kræʃ] : 자동차나 항공기 등이 충돌하여 사고를 내는 것, 무엇이 움직여서 충돌하여 피해를 입는 것, 사업·재정·컴퓨터 등이 갑자기 실패하거나 안 되는 것

- Her husband was killed a car crash last year.

  그녀의 남편은 작년에 차 충돌사고로 죽었다.

- The train crashed on a railway crossing.

  기차가 건널목에서 충돌했다.

- After the share market crashed, they went bankrupt.

  주식시장의 하락으로 그들은 망했다.

collide [kəláid] : 충돌하다

- Two cars collided head-on on the highway.

두 대의 차가 고속도로에서 정면 충돌하였다.

- The boat collided with a reef.

그 배는 암초에 부딪쳤다.

층, 건물의 층수

건물의 일반적인 층수를 말할 때 (영)에서는 'storey [stɔ́ːri]' 로,
(미)에서는 'story [stɔ́ːri]' 로 쓴다.

- His house is a single storey building.   그의 집은 단층 집이다.

- Her house is a three story house.   그녀의 집은 3층 집이다.

- I live in a house of one story.   나는 1층 집에 산다.

- I live in a building of three stories.   나는 3층 건물에 산다.

- She lives in an apartment of ten storeys.

그녀는 10층 아파트에 산다.

그러나 건물의 어느 특별한 층을 뜻할 때는 'floor [flɔər]' 를 쓴다.

- She lives on the second floor of the building.

그녀는 그 건물의 2층에 산다.

- His office is on the fifth floor of the building.

그의 사무실은 그 건물의 5층에 있다.

※ (영)에서는 1층을 'ground floor', 2층을 'first floor' 로 부른다.

(미)에서는 1층을 'first floor', 2층을 'second floor' 로 부른다.

영국 영어에 익숙하지 못한 사람들이 영국 영어권에 가면 이 층수 계산에 혼
동할 때가 많다. 특히 승강기를 탈 때 유의해야 한다.

침울한, 우울한, 불쾌한, 슬픈
upset [ʌ̀psét]

- She felt very upset after her mother died.

  그녀는 어머니가 죽은 후에 대단히 침울했다.

- He looked upset when he filed the test.

  그는 시험에 떨어졌을 때 침울하게 보였다.

- He was terribly upset when they called him rude names.

  그는 그들이 그에게 욕을 했을 때 무척 불쾌했다.

- She is easily upset.

  그녀는 쉽게 불쾌해진다.

- She is unwell with a stomach upset.

  그녀는 위장에 탈이 나서 기분이 좋지 않다.

칩스 (감자튀김)

잘게 썬 감자 튀김.

뉴질랜드 등에 가보면, 시내 곳곳에서 'Fish and Chips' 란 간판을 볼 수 있다.
이것은 서양사람들이 간식 또는 주식으로 즐겨 먹는 음식으로서 생선과 잘게
썬 감자를 기름에 튀긴 것이다. 이 감자튀김을 (영)에서는 'chip[tʃip]' 이라 하
고 (미)에서는 'fries' 또는 'French [frentʃ] fries' 라 한다.

카페

cafe : 커피 등의 음료나 경식을 파는 곳

※ 발음에 주의해야 한다. 한국사람 대부분이 '카페' 라 발음하는데, 그렇게
하면 못 알아듣는다.

(영) '[kǽfei]' 라 발음한다.

(미) '[kæféi]' 라 발음한다.

커피 한 잔 하시겠습니까?

- Would you like a coffee?

= Would you like to have a coffee?

= Would you like to have a cup of coffee?

- Would you like to go for a cup of coffee?

커피 한 잔 하러 가시겠습니까?

(~을) 타다

* 차를 타다 : get into, get in 등

- She gets into a car.

  그녀는 차를 탄다.

- He got in the car and drove away.

  그는 차를 타고 가버렸다.

* 승강기, 소형배, 소형비행기를 타다 : get into

* 버스, 기차, 대형비행기, 대형배 등을 타다 : get on 또는 board

- She got on the bus with him.

  그녀는 그와 함께 버스를 탔다.

- He boarded the plane bound for Seoul.

  그는 서울행 비행기를 탔다.

※ 대형배를 탈 때에는 'embark on' 을 사용하기도 한다.

- He embarked on the Arirang Ho at Busan.

  그는 부산에서 아리랑호를 탔다.

- Can you give me a ride downtown?

  시내까지 태워 주시겠습니까?

- Can you give me a lift home?

  집까지 태워 주시겠습니까?

- Could you pick me up at work?

  회사에 나를 태우러 오시겠습니까?

- I will take you home.

  집까지 태워 드리겠습니다.

- I will pick you up tonight.

  저녁에 집으로 데리러 가겠습니다.

discuss [diskʌ́s] : 논의, 때로는 결론을 얻기 위한 토론

- I will discuss the issue with my boss tomorrow.

  내일 사장과 그 문제를 논의해 보겠습니다.

- The paving plan is still under discussion.

  도로포장 계획은 아직도 논의중이다.

- We discussed what we should develop in the future.

  우리는 장래에 무엇을 개발해야 될 것인가에 대해서 토론했다.

argue [ɑ́:rgju:] : 왜 그것이 옳으냐에 대해서 이유를 말하고 증거를 대다

- Businessmen argue against tax increases.

  사업가들은 세금인상에 반대하는 논쟁을 한다.

- The economists are arguing over monetary policy.

  경제전문가들은 금융정책에 대해서 논쟁을 하고 있다.

- Don't argue with me. My decision is final.

  더 이상 논쟁하지 마라. 내 결정은 이미 정해졌다.

- They start to argue whenever they meet.

  그들은 만나기만 하면 말다툼을 한다.

debate [dibéit] : 어떤 주제에 관한 토론

- There has been a lot of debate among scientists about genetic engineering.

  유전공학에 대하여 과학자들끼리 토론이 분분하다.

- The opposition leader will debate the education reform.

  야당 당수는 교육개혁에 대하여 토론을 할 것이다.

- The issue will be open to debate.

  그 문제는 의견이 여러 가지로 달라서 아직 결정된 바 없다.

파티

party [párti] : 서양의 생활과 파티는 아주 밀접한 관계가 있다. 따라서 서양에서 생활을 하려면 파티에 익숙해야 한다

파티는 사교모임으로서 주로 가정집에서 먹고, 마시고, 춤추고, 놀이 등을 하면서 즐기는 행사이다.

- a dinner party : 저녁식사 파티

- a garden party : 주로 개인집 정원에서 오후에 하는 파티

- a barbecue party : 주로 개인집 정원이나 야외에서 고기를 구워 먹으면서 마시고 담소하는 것

- a hen party : 여자들만 초대되는 파티

- a stag party : (곧 결혼할) 남자들만 초대되는 파티

- a birthday party : 생일 축하 파티

- a housewarming (party) : 집들이 파티

가끔 초청할 때, 'B.Y.O.' 라고 하는 경우가 있다. 이는 'Bring Your Own' 의 약어로서, 초청 받은 사람이 주로 와인이나 맥주 등의 마실 것을 갖고 가는 경우이다.

'B.Y.O. Food' 의 경우에는 먹을 것을 갖고 가는 것을 의미한다.

이럴 경우에는 'Bring a plate' 라 하며, 이 때는 음식을 한 접시씩 갖고 오라는 것이다.

※ 식당의 'B.Y.O.' 는 의미가 다르다.

식당에는 다음과 같은 종류가 있다.

1. 'Fully Licensed Restaurant' 이다. 주류판매 허가가 있는 식당으로서 이 곳에서는 주류를 주문해서 마실 수 있다. 여기에는 주류를 갖고 들어 가서는 안 된다.

2. 'B.Y.O.' 식당으로, 주류판매 허가가 없는 식당이다. 이곳에는 손님이 주류를 갖고 가서 마실 수 있다.

3. 'Fully Licensed & B.Y.O. Wine Only' 식당으로, 이곳에는 포도주는 가지고 가서 마셔도 된다.

식당을 예약할 때나, 식당에 들어가기 전에 어떤 식당인가를 확인하는 것이 좋다..

가끔 관광객이나 외국사람들이 'Fully Licensed Restaurant' 에 술을 가지고 들어가서 마시려고 하다가 종업원이나 주인으로부터 언짢은 소리를 듣는 경우를 볼 수 있다. 이는 삼가야 한다.

초청장에 'R.S.V.P. by (날짜)' 가 적혀 있는 것이 있다. 이것은 'Répondez s'il vous plaît' 란 불어의 약어로서, 'Please reply' 와 같은 뜻이다. 즉 그 날짜까지 참석 여부를 알려 주어야 하는 초청장이다.

일반적인 파티에 초대되어 갈 때는 간단한 선물(꽃, 와인 한 병, 초콜릿 등)을 갖고 가는 것이 풍습이다. 처음 이민 온 사람들은 이 풍습을 잘 모르고 그냥 빈손으로 가는 경우가 많은데, 서양 생활에 익숙해지려면 빨리 이 풍습을 익혀야 한다.

평화, 평화로운
peace [pi:s], peaceful

- Two countries signed a peace agreement during talks.
  두 나라는 회담중에 평화조약에 서명했다.
- A world peace conference was held in Paris.
  세계 평화 회의가 파리에서 개최되었다.
- I want to live in peace.
  나는 평화롭게 살고 싶다.
- You will be at peace as long as you live with her.
  당신은 그녀와 사는 동안은 평화로울 것이다.
- You can live in peace with your mother-in-law.
  당신은 시어머니와 화목하게 살 수 있을 것이다.
- She wished to make peace with her partner and to reunite in the

near future.

그녀는 파트너와 화해해서 곧 재결합하기를 원했다.

- The apple growers staged a peaceful protest outside the parliament building.

사과 재배업자들은 의사당 밖에서 평화적인 시위를 벌였다.

- Both parties found a peaceful solution to the conflict.

쌍방은 그 분쟁에 대한 평화로운 해결책을 발견했다.

피하다

avoid [əvɔ́id] : 나쁜 일이나 하고 싶지 않은 일, 만나고 싶지 않은 사람을 피하는 것

- The coach driver took an emergency action to avoid a head-on collision.

관광버스 운전기사는 정면충돌을 피하기 위하여 비상수단을 취했다.

- She hid herself in the room to avoid him.

그녀는 그와 만나는 것을 피하려고 방에 숨었다.

- He braked the car suddenly to avoid the boy crossing the road.

그는 길을 건너고 있는 소년을 피하기 위해서 급정거를 했다.

- She had carefully avoided the talk about her marriage.

그녀는 자신의 결혼문제에 관한 얘기를 조심스럽게 피했다.

- They went to the island to avoid the summer heat.

그들은 여름더위를 피하기 위해서 섬으로 갔다.

escape [iskéip] : 위험이나 위해 따위를 피하여 달아나다

- A female prisoner has escaped from the prison.

한 여죄수가 감옥에서 탈출했다.

- The cook narrowly escaped death from the sunken boat.

그 조리장은 침몰선으로부터 구사일생으로 살아났다.

- He was shot dead as he tried to escape from the camp.

| 　그는 수용소에서 탈출을 시도하다가 총을 맞고 죽었다.

duck [dʌk] : 몸을 급히 피하다

- I ducked into the barn but they found me.

　나는 급히 헛간으로 피했으나 그들은 나를 찾아냈다.

- He deftly ducked his opponent's blows and finally knocked him out.

　그는 상대편의 주먹을 기술적으로 피하여, 결국에는 때려 눕혔다.

필요하다 : need [niːd]

- I need money urgently.

　나는 돈이 급히 필요하다.

- Do you need my help?

　내 도움이 필요합니까?

- Do you need to work so late?

　당신은 그렇게 늦게까지 일을 해야 할 필요가 있습니까?

- It needs much skill for this job.

　이 일을 하는 데는 많은 숙련이 필요하다.

- I need to make a phone call to my mum.

　나는 어머니에게 전화를 해야 할 필요가 있다.

- You don't need to wait for me. I will take a bus.

　나를 기다릴 필요가 없다. 나는 버스를 타고 가겠다.

- Polytech provides skills to the students who are in need.

　폴리테크닉에서는 기술을 원하는 학생들에게 기술을 가르친다.

- There is no need to call an ambulance, for she is now in a stable condition.

　그녀는 지금은 안정된 상태라서 구급차를 부를 필요가 없다.

필요한

essential [əsénʃəl] : 대단히 필요한, 절대적으로 중요한

- A bus service is essential for people's daily life.

버스 운행은 국민들의 일상생활에 대단히 필요하다.

- The essentials of everyday life are eating, sleeping and talking.

일상생활에서 가장 중요한 것은 먹고, 자고 또 말하는 것이다.

indispensable [ìndispénsəbl] : 절대 필요한, 다른 것이 대신할 수 없는

- He is the indispensable doctor for her.

그는 그녀에게 절대 필요한 의사이다.

- Air is indispensable to life.

공기는 생명에 절대 필요한 것이다.

necessary [nèsisέ(:)əri] : 필요한, 없어서는 절대로 안 될 경우는 아니더라도 아주 필요한

- Exercise is necessary to keep your health.

운동은 건강을 유지하는 데 필요하다.

- I will call you, if necessary.

필요하면 전화하겠습니다.

- Is it really necessary for you to go there?

당신이 거기에 가는 것이 정말로 필요한 것입니까?

- You have to buy the necessary goods such as food, clothing and furniture.

당신은 식품, 옷, 가구 같은 생필품을 사야 합니다.

requisite [rékwizit] : 어떤 목적에 필요한

- The requisite subjects for university entrance are six subjects, in-cluding maths.

대학 입학에 필요한 과목은 수학을 포함해서 여섯 과목이다.

- A safety cap is requisite when you ride a bicycle.

안전모는 자전거를 탈 때 꼭 필요하다.

~하지 않으면, ~한 경우 외에는, ~한 경우가 아니면

unless [ənlés]

- Unless you know her personally, you should call her and make an appointment.

당신이 그녀를 개인적으로 잘 알지 못하면, 그녀에게 전화를 해서 만날 약속을 해야 할 것이다.

- Unless you save money, you can't buy your own house.

당신이 저축을 하지 않으면, 당신의 집을 살 수 없다.

- We can't treat him properly unless we understand his symptoms.

우리는 그의 증상을 알지 못하고는 적절한 치료를 할 수 없다.

- We can't take your order unless you deposit 10% of the total price.

우리는 당신이 전체 금액의 10%를 예치하지 않으면 당신의 주문을 받을 수가 없습니다.

학대, 남용

abuse(*n.* [əbjúːs] , *vt.* [əbjúːz])

- The police investigated the alleged child abuse.

경찰은 어린이 학대라고 추정된 사건을 조사했다.

- She is victim of sexual and physical abuse.

그녀는 성적으로, 육체적으로 학대 당한 피해자이다.

- Drug and alcohol abuse are one of the serious social problems.

마약과 술 남용은 심각한 사회문제 중의 하나이다.

- She had been abused by her husband since she married.

그녀는 결혼 이후 줄곧 남편으로부터 학대받아 왔었다.

- She was physically abused by other students.

그 여학생은 다른 학생들로부터 신체적으로 학대받았다.

- He needs treatment for drug abuse.

그는 마약 남용 때문에 치료를 받아야 한다.

한 쌍

couple [kʌ́pl] : (상관관계가 없는 같은 종류의 2개) 한 쌍, 둘, 부부

- a young couple   젊은 부부

- a couple of days   이틀

- a couple of apples   사과 2개

- a couple of police officers   경찰관 2명

pair [pɛər] : (한쪽이 없으면 다른 한쪽은 소용이 없는 상관관계에 있는 2개) 한 쌍, 한 벌

- a pair of shoes   구두 한 켤레

- two pairs of socks   양말 두 켤레

- a pair of scissors   가위 한 자루

- Have a drink on me.　내가 술 한잔 사지.
- Treat you to a drink.　내가 술 한잔 사겠다.
- This is on me.　이것은 내가 사는 것이다.
- The drink is on me.　술은 내가 사는 것이다.
- This is my treat now.　내가 한턱 내는 것이다.
- This is to be my treat.　이것은 내가 한턱 내기로 한 것이다.
- I will treat you all.　내가 모두에게 한턱 내겠다.
- It's my shout.　이것은 내가 부담하는 것이다.
- It's your shout.　이것은 자네 부담이네.

해결하다

sort [sɔːrt]

- The overdraft problem has now been sorted.
  초과인출 문제는 이제 해결되었다.
- Two countries have sorted out their border dispute.
  두 나라는 국경분쟁을 해결했다.
- They promised to sort out the late delivery of my order until tomo-
  rrow.
  그들은 내 주문품의 배달지연을 내일까지 해결해 주기로 약속했다.

해고하다

dismiss [dismís], fire [fáiər]

- The minister has the power to dismiss public servants.
  장관은 공무원을 해고시킬 수 있는 권한을 갖고 있다.
- The police commissioner has been dismissed by the police minister.
  경찰청장은 행정자치부 장관에 의해서 해고되었다.
- He was fired from his job.

그는 그의 일자리에서 해고당했다.

- The personnel manager has fired him because of his frequent ab - sences.

인사부장은 그의 잦은 결근 때문에 그를 해고했다.

~을 해주시겠습니까?(허가를 정중히 요청하거나, 무엇을 해주도록 부탁할 때)

Do you mind ~ / Would you mind ~

- Do you mind if I smoke here?

여기서 담배를 피워도 되겠습니까?

- Do you mind my smoking?

담배를 피워도 괜찮겠습니까?

- Do you mind if I use your phone?

당신의 전화를 좀 사용해도 되겠습니까?

- Do you mind if I ask you to give me another cup of coffee?

커피 한 잔을 더 부탁드려도 되겠습니까?

- Would you mind holding this briefcase for a while.

잠시만 이 서류가방을 들고 계시겠습니까?

- Would you mind waiting for my son who comes back soon.

내 아들이 돌아올 때까지 기다려 주시겠습니까?

- Would you mind doing me a favour?

제 부탁을 하나 들어주실 수 있겠습니까?

행운을 바란다

- I am keeping my fingers crossed that I get a job.

나는 직장을 가질 수 있는 행운을 바라고 있다.

- She is keeping her fingers crossed, hoping to pass the test.

그녀는 시험에 합격할 수 있는 행운을 바라고 있다.

allow [əláu] : 허락하면 아무 방해 없이 할 수 있다

- Smoking will not be allowed. 금연이다.
- You are allowed to eat soft food like porridge or soup.

  당신은 수프나 죽 같은 부드러운 음식은 먹어도 된다.
- The children are not allowed to enter the adults entertainment area.

  아이들은 유흥업소 출입이 금지되어 있다.
- He allowed me to go out.

  그는 내가 외출하는 것을 허락했다.

permit [pərmít] : 해도 좋다, (서면 등으로) 하도록 허가하다

- The guard permitted me to bring my camera and tape recorder into the court room.

  수위는 내가 카메라와 녹음기를 법정에 갖고 들어가는 것을 허가했다.
- Employees are permitted to play billiards during their lunch time.

  종업원은 점심시간에 당구를 쳐도 좋다.
- Smoking is not permitted in this hall.

  이 회관에서는 금연입니다.
- You need a permit to work in a foreign country.

  외국에서 일을 하려면 허가를 받아야 한다.
- He has applied for a building permit to the city council.

  그는 시청에 건축허가를 신청했다.

호의, 친절, 찬성

(영) favour [féivər] (미) favor [féivər]

- May I ask a favour of you?

  부탁 드릴 말씀이 있는데요.
- Do me a favour?

  부탁 드립니다.

- I have a favour to ask of you.

   부탁 드릴 게 있습니다.

- I am in favour of your proposal.

   나는 당신의 제안에 찬성합니다.

- The bill passed with 20 in favour and 6 against.

   그 법안은 20 대 6으로 통과되었습니다.

화장실, 변소 여러 가지 말이 있다.

   (영)에서는 - toilet / lavatory / WC라고 한다.

   (미)에서는 - bathroom / washroom이라 한다.

   공중변소는 (영)에서는 - conveniences, - the ladies / the gents라 하고,

   (미)에서는 - rest room / washroom, - the ladies's room / the men's

   room이라 한다.

활동중인, 활동하는

   active [ǽktiv]

- Your son is very physically active.

   당신 아들은 신체적으로 대단히 활동적이다.

- She is an active member of the Green Party.

   그녀는 녹색당의 행동 대원이다.

- The company took active steps to promote export.

   회사는 수출을 촉진하기 위해서 적극적인 조치를 취했다.

- Stags are very active in the mating season.

   수사슴은 교미철에 대단히 활기가 있다.

- Mt. Ruhapeu is an active volcano, which is expected to erupt quite

   soon.　루하페우 산은 활화산이며, 곧 폭발할 것으로 보인다.

- The police say they suspect the arson was carried out by human

   rights activists.

| 경찰은 그 방화를 인권옹호 과격분자들의 소행으로 보고 있다.

휴식(잠시 동안의)
break [breik]

- They broke for lunch.

그들은 점심시간 동안 휴식을 취했다.

- You can have 15 minutes break from your work.

당신은 직장에서 15분간의 휴식을 취할 수 있다.

- He has a tea break at 10 : 30a.m..

그는 오전 10시 30분에 차를 마실 수 있다.

(영) tea break, (미) coffee break라 한다.

휴일, 휴가, 방학

주로 휴일, 휴가, 방학 등을 (영)에서는 ʼholiday [hálidèi | hɔ́lədi]ʼ, ʼholidays(방학은 복수)ʼ 라 한다.

- Iʼ ve just come back from a holiday in Korea.

나는 막 한국에서 휴가를 마치고 돌아왔다.

- Where are you going for your holidays?

당신은 휴가를 어디로 갈 예정입니까?

- New Yearʼ s Day is a public holiday.

신정은 공휴일입니다.

- The lunar New Yearʼ s Day is a public holiday in Korea.

설날은 한국의 공휴일입니다.

- The summer school holidays start from 8th December.

여름방학은 12월 8일에 시작됩니다.

- Every woman is entitled to four weeksʼ paid holiday a year.

모든 여성은 연 4주간의 유급휴가를 가질 수 있다.

이를 (미)에서는 ʼvacation [veikéiʃən | vəikéiʃən]ʼ 이라 한다.

- She planned a winter vacation in Korea to go skiing.

그녀는 겨울휴가 때 한국으로 스키를 타러갈 계획이다.

- He went on vacation to New Zealand.

그는 뉴질랜드로 휴가를 떠났다.

- Where are you going on vacation?

휴가는 어디로 가십니까?

- During her summer vacation she visited Korea.

그녀는 여름방학 동안 한국을 방문했다.

(영) holidaymaker(s) : 휴가로 집을 떠나 있는 사람, 휴가 여행자

(미) vacationer(s) : 휴가 여행자

흥분한, 흥분시키는

excited [iksáitid] : 흥분한

- I was so excited at the news that I could hardly sleep.

나는 그 소식을 듣고 너무 흥분해서 잠을 설쳤다.

- She was very excited about the trip to Korea.

그녀는 한국으로 여행가는 것이 너무 좋아서 흥분했다.

- My son is very excited about the possibility of playing for All Blacks.

내 아들은 올 블랙 팀에서 경기를 할 수 있을 것 같아서 굉장히 흥분하고 있다.

※ 'excited to do' 는 쓰지 않는다.

exciting [iksáitiŋ] : 흥분시키는

- The rugby match is very exciting.

럭비경기는 대단히 흥취를 돋우는 경기이다.

- Boxing is an exciting match.

권투는 흥분시키는 경기이다.

- Lomu is an exciting player to watch.

노무(뉴질랜드 럭비팀인 All Blacks의 대표선수)는 열광적인 경기를 보여 주는 선수이다.

- Advertisements always interrupt the most exciting and compelling moments on TV.

텔레비전의 광고방송은 언제나, 가장 흥분되고 강한 흥미를 돋우는 순간을 방해한다.

※ compelling : (주로, 영화, 책, 용모 등) 강한 흥미를 돋우는, 감탄하지 않을 수 없는

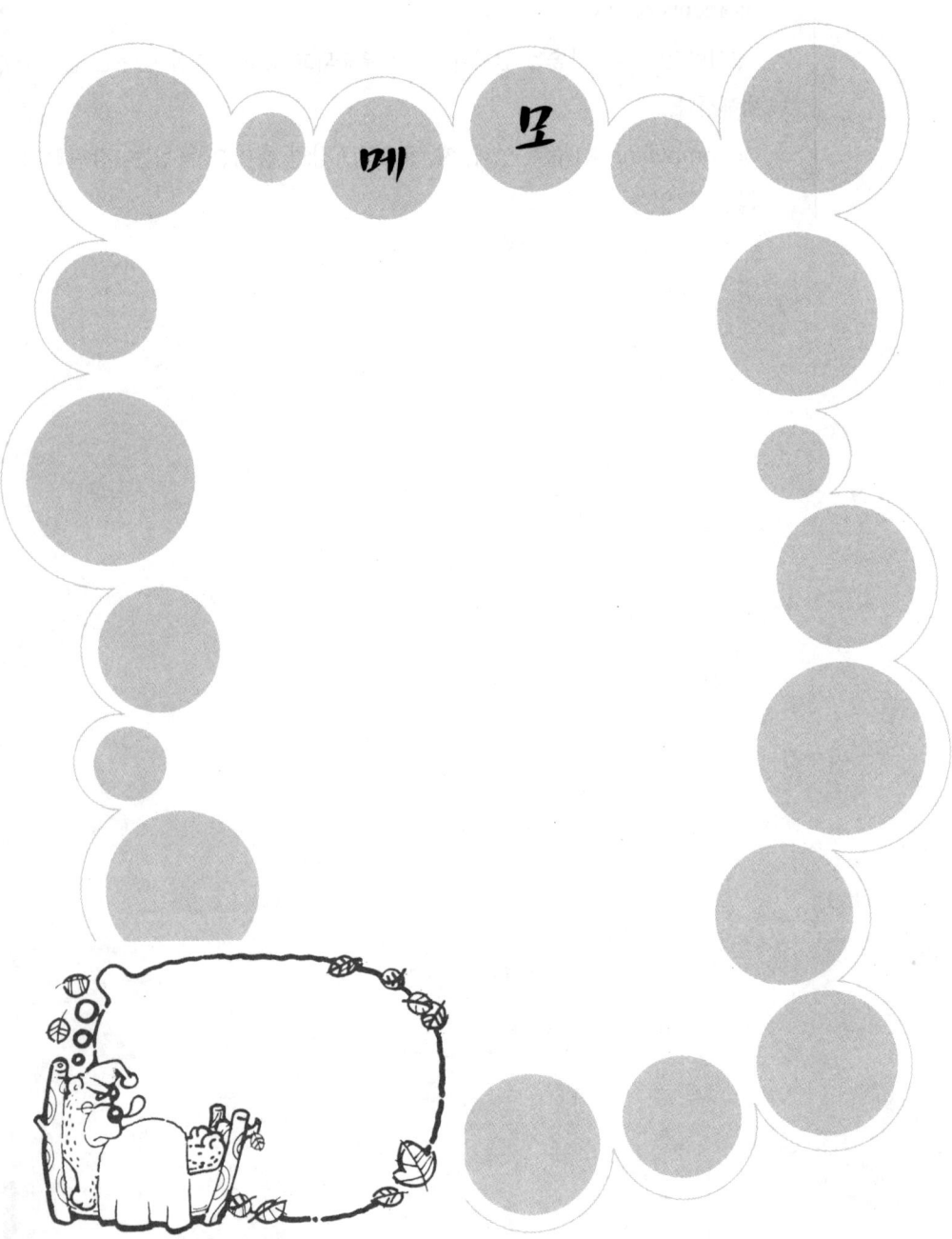

메 모

가림출판사 · 가림M&B · 가림Let's에서 나온 책들

문 학

바늘구멍
켄 폴리트 지음 · 홍영의 옮김

미국 추리작가 협회의 최우수 장편상을 받은 초유의 베스트
셀러로 전쟁을 통한 두뇌싸움을 치밀하고 밀도 있게 그려낸
추리소설. 신국판 / 342쪽 / 5,300원

레베카의 열쇠
켄 폴리트 지음 · 손연숙 옮김

최고의 모험, 폭력, 음모 그리고 미국적인 열정 속에 담긴 두
남녀의 사랑이야기를 독자들의 상상을 뒤엎는 확실한 긴장감
으로 마지막까지 흥미진진한 켄 폴리트의 장편 추리소설.
신국판 / 492쪽 / 6,800원

암병선
니시무라 쥬코 지음 · 홍영의 옮김

금세기 최대의 난적인 암을 퇴치하기 위해 7대양을 누빌 암병
선을 무대로 인간생명의 존엄성을 지키기 위해 불의와 맞서는
시라도리 선장의 꿋꿋한 의지와 애절한 암환자들의 심리가 생
생하게 묘사된 근래 보기드문 걸작.
신국판 / 300쪽 / 4,800원

첫키스한 얘기 말해도 될까
김정미 외 7명 지음

이 시대의 젊은 작가 8명이 가슴속 깊이 간직했던 나만의 소중한
이야기를 살짝 털어놓은 상큼한 비밀 이야기.
신국판 / 228쪽 / 4,000원

사미인곡 上 · 中 · 下
김충호 지음

파란만장한 일생을 보낸 정철의 생애를 통해 난세를 살아가는
우리에게 삶의 지혜와 기쁨을 선사하는 대하 역사 소설.
신국판 / 각 권 5,000원

이내의 끝자리
박수완 스님 지음

앞만 보고 살아가는 우리에게 자신을 뒤돌아볼 수 있는 여유
를 갖게 해주는 승려시인의 가슴을 울리는 주옥 같은 시집.
국판변형 / 132쪽 / 3,000원

너는 왜 나에게 다가서야 했는지
김충호 지음

세상에 대한 사랑의 아픔, 그리움, 영혼에 대한 고뇌를 달래야
했던 시인이 살아 있는 영혼을 지닌 이들에게 전하는 사랑의
메시지. 국판변형 / 124쪽 / 3,000원

세계의 명언
편집부 엮음

위인이나 유명인들의 글, 연설문 혹은 각 나라에서 전해져 오
는 속담을 통하여 지난날을 되새겨보는 백과전서로서, 오늘을
반성하는 교과서로서, 그리고 미래를 설계하는 참고서로서 역
할을 해줄 것이다. 신국판 / 322쪽 / 5,000원

여자가 알아야 할 101가지 지혜
제인 아서 엮음 · 지창국 옮김

남녀가 함께 살면서 경험으로 터득한 의미심장하면서도 재미
있는 조언들을 발췌한 내용으로 독신의 삶을 청산하려는 이들
이 알아야 할 유용하고 상상력 풍부한 힌트로 가득찬 감동의
메시지이다. 4 · 6판 / 132쪽 / 5,000원

현명한 사람이 읽는 지혜로운 이야기
이정민 엮음

현대를 살아가는 우리들에게 삶의 가치를 부여해주고 자기 성
찰의 기회를 갖게 해준다. 신국판 / 236쪽 / 6,500원

성공적인 표정이 당신을 바꾼다
마츠오 도오루 지음 · 홍영의 옮김

고통스러울 때, 괴로울 때, '그럼에도 불구하고'의 스마일을
통해 자신뿐만 아니라 주위 사람들의 마이너스 사고를 플러스
사고로 바꾸어서 사람의 마음을 움직이며, 그리고 사람의 마
음에 남는 최고의 웃는 얼굴을 만드는 비법 총망라!
신국판 / 240쪽 / 7,500원

태양의 법
오오카와 류우호오 지음 · 민병수 옮김

불법 진리 사상의 윤곽과 그 목적 · 사명을 명백히 함으로써
한사람 한사람의 인간이 깨달음을 추구하고 영적으로 깨우치
기 위한 명확한 방향을 제시하였다.
신국판 / 246쪽 / 8,500원

영원의 법
오오카와 류우호오 지음 · 민병수 옮김

일찍이 설해졌던 적도 없고 앞으로도 설해지지 않을 구원의
진리를 한 권의 책에 이론적 형태로 응축한 기본 삼법의 완결
편. 신국판 / 240쪽 / 8,000원

옛 사람들의 재치와 웃음
강형중 · 김경익 편저

옛 사람들의 재치와 해학을 통해 한문의 묘미를 터득하고 한
자를 재미있게 배우며 유머감각까지 높일 수 있는 일석삼조의
효과 만점. 신국판 / 316쪽 / 8,000원

지혜의 쉼터
쇼펜하우어 지음 · 김충호 엮음

쇼펜하우어의 철학체계를 통하여 풍요로운 삶의 지혜를 얻고

기쁨을 얻을 수 있도록 꾸며 놓은 철학이야기.
4·6판 양장본 / 160쪽 / 4,300원

헤세가 너에게
헤르만 헤세 지음 · 홍영의 엮음

순수한 애정과 자유를 갈구하는 헤세의 아름다운 세상을 통한 깨끗한 정신세계를 공유할 수 있는 기회를 제공.
4·6판 양장본 / 144쪽 / 4,500원

사랑보다 소중한 삶의 의미
크리슈나무르티 지음 · 최윤영 엮음

금세기 최고의 사상가이자 철학자인 크리슈나무르티가 인간의 정신적 사고의 구조와 본질을 규명하여 인간의 삶에 대한 가장 완벽한 해답을 제시.
신국판 / 180쪽 / 4,000원

장자-어찌하여 알 속에 털이 있다 하는가
홍영의 엮음

동양 사상의 저변에 흐르고 있는 자연에의 경외감을 유감없이 표현한 장자를 통하여 인간 본연의 자세로 돌아가 나를 돌아보는 계기를 만들어 주는 책. 4·6판 / 180쪽 / 4,000원

논어-배우고 때로 익히면 즐겁지 아니한가
신도회 엮음

인간에게 필요불가결한 윤리와 도덕생활의 교훈들을 평이한 문체로 광범위하게 집약한 논어의 모든 것!!
4·6판 / 180쪽 / 4,000원

맹자-가까이 있는데 어찌 먼 데서 구하려 하는가
홍영의 엮음

반성과 자책을 통해 잃어버린 양심을 수습하고 선으로 복귀할 것을 천명하는 맹자 사상의 집대성!! 4·6판 / 180쪽 / 4,000원

건 강

식초건강요법
건강식품연구회 엮음 · 신재용(해성한의원 원장) 감수

가장 쉽게 구할 수 있고 경제적인 식품이면서 상상할 수 없을 정도로 뛰어난 약효를 지닌 식초의 모든 것을 담은 건강지침서! 신국판 / 224쪽 / 6,000원

아름다운 피부미용법
이순희(한독피부미용학원 원장) 지음

피부조직에 대한 기초 이론과 우리 몸의 생리를 알려줌으로써 아름다운 피부, 젊은 피부를 오래 유지할 수 있는 비결 제시!
신국판 / 296쪽 / 6,000원

버섯건강요법
김병각 외 6명 지음

종양 억제율 100%에 가까운 96.7%를 나타내는 기적의 약용버섯 등 신비의 버섯을 통하여 암을 치료하고 비만, 당뇨, 고혈압, 동맥경화 등 각종 성인병 예방을 위한 생활 건강 지침서!
신국판 / 286쪽 / 8,000원

성인병과 암을 정복하는 유기게르마늄
이상현 편저 · 민형기 감수

최근 들어 각광을 받고 있는 새로운 치료제인 유기게르마늄을 통한 성인병, 각종 암의 치료에 대해 상세히 소개.
신국판 / 304쪽 / 7,000원

난치성 피부병
생약효소연구원 지음

현대의학으로도 치유불가능했던 난치성 피부병인 건선 · 아토피(태열)의 완치요법이 수록된 건강 지침서.
신국판 / 232쪽 / 7,500원

新 방약합편
정도명 편역

약물의 성질과 효능을 쉽게 꾸며 놓아 자신의 병을 알고 증세에 맞춰 스스로 처방을 할 수 있는 가정 한방 주치의 역할을 해준다. 증상과 처방에 따라 가정에서 조제할 수 있는 보약 506가지 수록. 신국판 / 416쪽 / 15,000원

자연치료의학
오홍근(신경정신과 의학박사 · 자연의학박사) 지음

대한민국 최초의 자연의학박사가 밝힌 신비의 자연치료의학으로 자연산물을 이용하여 부작용 없이 치료하는 건강 생활 비법 공개!! 신국판 / 472쪽 / 15,000원

약초의 활용과 가정한방
이인성 지음

현대과학이 밝혀낸 약초의 신비와 활용방법을 수록하여 가정에서도 주변의 흔한 식물과 약초를 활용하여 각종 질병을 간편하게 예방 · 치료할 수 있는 비법제시.
신국판 / 384쪽 / 8,500원

역전의학
이시하라 유미 지음 · 유태종 감수

일반상식으로 알고 있는 건강상식에 대해 전혀 새로운 관점에서 비판하고 아울러 새로운 방법들을 제시한 건강 혁명 서적!!
신국판 / 286쪽 / 8,500원

이순희식 순수피부미용법
이순희(한독피부미용학원 원장) 지음

자신의 피부에 맞는 관리법으로 스스로 피부관리를 할 수 있는 방법을 제시하고 책 속 부록으로 천연팩 재료 사전과 피부타입별 팩 고르기. 신국판 / 304쪽 / 7,000원

21세기 당뇨병 예방과 치료법
이현철(연세대 의대 내과 교수) 지음

세계 최초 유전자 치료법을 개발한 저자가 당뇨병과 대항하여 가장 확실하게 이길 수 있는 당뇨병에 대한 올바른 이론과 발병시 대처 방법을 알기 쉽게 상세히 수록!
신국판 / 360쪽 / 9,500원

신재용의 민의학 동의보감
신재용(해성한의원 원장) 지음

주변의 흔한 먹거리를 이용하여 신비의 명약이나 보약으로 활용할 수 있는 건강 지침서로서 저자가 TV나 라디오에서 다 밝히지 못한 한방 및 민간요법까지 상세히 수록!!

신국판 / 476쪽 / 10,000원

치매 알면 치매 이긴다
배오성(백상한방병원 원장) 지음

자연의 생기를 빨아들이면서 마음을 다스리는 B.O.S.요법으로 뇌세포의 기능을 활성화시키고 엔돌핀의 분비효과를 극대화시켜 증상에 맞는 한약 처방을 병행하여 치매를 치유하는 획기적인 치유법을 한의학 가문의 비방을 3대째 이어오고 있는 저자가 이해하기 쉽게 제시하였다.
신국판 / 312쪽 / 10,000원

21세기 건강혁명 밥상 위의 보약 생식
최경순 지음

항암식품으로, 아름다운 몸매를 유지하면서 할 수 있는 다이어트식으로, 젊고 탄력적인 피부를 유지할 수 있게 해주는 자연식으로의 생식을 소개하여 현대인들의 건강 길라잡이가 되도록 하였다.   신국판 / 348쪽 / 9,800원

기치유와 기공수련
윤한홍(기치유 연구회 회장) 지음

기 수련을 통해 길러지는 기치유는 누구나 노력만 하면 개발할 수 있고 활용할 수 있는 능력임을 강조하는 저자가 기 수련 방법과 기치유 개발 방법을 자세하게 소개하고 있다.
신국판 / 340쪽 / 12,000원

만병의 근원 스트레스 원인과 퇴치
김지혁(김지혁한의원 원장) 지음

현대를 살아가는 사람들에게 스트레스는 피할 수 없는 존재. 만병의 근원인 스트레스를 속속들이 파헤치고 예방법까지 속시원하게 제시!!   신국판 / 324쪽 / 9,500원

김종성 박사의 뇌졸중 119
김종성 지음

우리나라 사망원인 1위. 뇌졸중 분야의 최고 권위자인 저자가 뇌졸중의 예방에서 치료법까지 상세하게 제시한 건강서. 일상생활에서의 건강관리부터 환자간호에 이르기까지 뇌졸중의 모든 것을 수록.   신국판 / 356쪽 / 값 12,000원

탈모 예방과 모발 클리닉
장정훈 · 전재홍 지음

미용적인 측면과 우리가 일상적으로 고민하고 궁금해 하는 털에 관한 내용들을 피부과 전문의인 저자들의 치료 경험을 토대로 다양하고 재미있게 예들을 들어가면서 흥미롭게 구성. 저자들의 글을 풀어가는 입담을 느낄 수 있는 편집도 이 책의 또다른 특징.   신국판 / 290쪽 / 값 8,000원

구태규의 100% 성공 다이어트
구태규 지음

하이틴 영화배우의 다이어트 체험서.
저자만의 다이어트법을 제시하면서 바람직한 다이어트에 대해서도 알려준다. 건강하게 날씬해지고 싶은 사람들을 위한 필독서! 4 · 6배판 변형 / 240쪽 / 값 9,900원

쉽게 풀어쓴 암 이야기(가제)
이춘기 지음

현재 미국 암센터에서 활동하고 있는 저자가 암환자와 가족들을 위해서 암을 쉽게 해설해 놓은 책.

암의 치료방법에서부터 합병증의 예방 및 암이 생기기 전에 알 수 있는 방법에 이르기까지 상세하게 해설해 놓았다.

성장클리닉 (배오성)	사혈요법 (정지천)
홍채학 (김성훈)	항암식품 (신재용)
발건강학 (최미희)	카이로프랙틱 (이승원)
간클리닉 (전재용)	녹차와 건강 (석자연스님)
자연피부미용 (이순희)	생활인의 선체조 (혜원스님)

교 육

우리 교육의 창조적 백색혁명
원상기 지음

자라나는 새싹들이 기본적인 지식과 사고를 종합적 · 창조적으로 발전시켜 창조적인 사고능력을 배양할 수 있도록 한 교육지침서.   신국판 / 206쪽 / 6,000원

육아아이디어 263
생활컨설턴트그룹 엮음 · 한양심 옮김

세상에서 가장 예쁘고 소중한 우리 아기에게 언제나 여유로우면서도 무슨 일이든 척척 처리하는 현명한 신세대 엄마가 되기 위한 최신 육아 정보 수록!   신국판 / 318쪽 / 6,000원

현대생활과 체육
조창남 외 5명 공저

현 체육대학 체육과 교수들이 저술한 생활체육의 모든 것으로 건강의 개념 및 체력의 개요를 비롯한 각종 현대병의 원인과 예방 및 운동요법에 대한 이론과 요즘 각광받는 골프 · 스키 · 볼링 등의 레저스포츠 분야로 나눠 체육학을 전공하는 학생들 및 일반인들이 관심 있는 부분까지 총망라!!
신국판 / 340쪽 / 10,000원

퍼펙트 MBA
IAE유학네트 지음

기존의 관련 도서들과는 달리 Top MBA로 가는 길을 상세하고 완벽하게 수록하였으며, 또 톱 비즈니스 스쿨 지원자들에게 있어 가장 큰 애로사항 가운데 하나인 에세이를 쉽게 작성할 수 있는 작성법과, 톱 비즈니스 스쿨에 합격한 학생들의 원문도 수록하여 톱 MBA를 꿈꾸는 지원자들에게 가장 완벽하고 충실한 최신의 정보를 제공해 줄 것이다.
신국판 / 400쪽 / 12,000원

유학길라잡이 I - 미국편
IAE유학네트 지음

미국으로의 유학 · 연수준비생을 위한 알짜배기 최신정보서!! 미국의 교육제도 및 유학을 가기 위해서 준비해야 할 절차, 미국 현지 생활 정보, 최신 비자정보 등을 한 눈에 볼 수 있는 유학길라잡이. 4 · 6배판 / 372쪽 / 13,900원

유학길라잡이 II - 4개국편
IAE유학네트 지음

영어권 국가로의 유학·연수준비생을 위한 알짜배기 최신정보 수록!! 영국·캐나다·호주·뉴질랜드의 현지 정보·교육제도 및 각 국가별 학교의 특화된 교육내용 완전 수록!!
4·6배판 / 348쪽 / 13,900원

조기유학길라잡이.com
IAE유학네트 지음

영어권으로 나이 어린 자녀를 유학보내기 위해 준비중인 학부모 및 준비생들이 반드시 읽어야 할 필독서!!
영어권 나라의 교육제도 및 학교별 데이터를 완벽하게 수록하여 유학정보서의 질을 한 단계 상승시킨 결정판!!
4·6배판 / 428쪽 / 15,000원

취미·실용

김진국과 같이 배우는 와인의 세계
김진국 지음

포도주 역사에서 분류, 원료 포도의 종류와 재배, 양조·숙성·저장, 시음법, 어울리는 요리에 이르기까지 일반인의 관심사와 함께 와인의 유통과 소비, 와인 시장의 현황과 전망 등 산업적 부분까지 다루었다.
특히 와인소매점과 레스토랑 종사자들을 겨냥, 와인 판매 요령, 와인의 보관과 재고의 회전뿐만 아니라 고객에게 와인을 권하고 추천할 수 있는 능력, '와인 양조 비밀의 모든 것'을 동영상으로 제작한 CD까지, 와인의 모든 것이 담긴 종합학습서. 국배판 변형양장본(올 컬러판) / 208쪽 / 30,000원

경제·경영

CEO가 될 수 있는 성공법칙 101가지
김승룡 편역

21세기를 맞이하면서 새롭게 떠오르는 분야가 바로 'CEO'의 탄생이다. 냉혹한 기업 세계의 현실에서 높은 성장과 수익을 달성하기 위해서는 최고 경영자로서의 자질을 갖춰야 한다.
이 책은 미래의 CEO를 위한 획기적인 경영실용서로서 또 한번의 경제위기를 겪고 있는 우리의 현실을 극복하고 일어설 수 있는 리더로서의 역할과 책임에 대한 명확한 해답을 제시해줄 것이다. 신국판 / 320쪽 / 9,500원

정보소프트
김승룡 지음

홍수처럼 쏟아지는 정보를 수집·분석하여 효과적으로 활용하는 방법을 총망라한 정보 전략 완벽 가이드!!
신국판 / 324쪽 / 6,000원

기획대사전
高橋憲行 지음·홍영의 옮김

무한경쟁시대 창업 전문가의 시대에서 성공할 수 있는 것은 완벽한 기획에서만 가능하다. 저자가 신사업 기획안과 지역 활성화의 프로젝트맨으로 수십 년간 활약하면서 얻은 경험과 체험을 토대로 엮은 완전 실용판 기획지침서로서 히트상품의 개발, 창업의 성공, 업무의 효율화, 성공적인 마케팅전략, 인재조직의 활용, 비용절감 등 기획에 관련된 모든 사항을 실례와 도표를 통하여 초보자에서 프로기획맨에 이르기까지 효율적으로 활용할 수 있도록 체계적으로 총망라하였다. 신국판 / 540쪽 / 16,500원

맨손창업·맞춤창업 BEST 74
양혜숙 지음

창업대행 현장 전문가가 추천하는 유망업종을 7가지 주제별로 나누어 수록한 맞춤창업서로 창업예비자들에게 창업의 길을 밝혀줄 발로 뛰면서 만든 실무 지침서!!
신국판 / 416쪽 / 12,000원

무자본, 무점포 창업! FAX 한 대면 성공한다
다카시로 고시 지음·홍영의 옮김

완벽한 FAX 활용법을 제시하여 가장 적은 자본으로 창업하려는 예비자들에게 큰 투자를 필요로 하지 않으면서 성공을 이끌어주는 길라잡이가 되는 실무 지침서.
신국판 / 226쪽 / 7,500원

성공하는 기업의 인간경영
중소기업 노무 연구회 편저·홍영의 옮김

무한경쟁시대에서 각 기업들의 다양한 경영 실태 속에서 인사·노무 관리 개선에 있어서 기업의 효율을 높이고 발전을 이룰 수 있는 원칙을 제시하고 있다.
아울러 인간경영에 관한 이론적 바탕과 실천적 내용이 잘 조화를 이루어 급변하는 21세기에 살아남을 수 있는 획기적인 이정표를 제시해줄 것이다. 신국판 / 368쪽 / 11,000원

21세기 IT가 세계를 지배한다
김광희 지음

21세기 화두로 떠오른 IT혁명의 경쟁력에 대해서 일반인들도 쉽게 이해할 수 있도록 전문가의 논리적이고 철저한 해설과 더불어 매장 끝까지 실제 사례를 곁들여 이 책을 통해 21세기 최정상에 오르는 방편을 터득하게 해줄 것이다.
신국판 / 380쪽 / 12,000원

경제기사로 부자아빠 만들기
김기태·신현태·박근수 공저

날마다 배달되는 경제기사를 꼼꼼히 챙겨보는 사람만이 현대 생활에서 부자가 될 수 있다. 언론인의 현장감각과 학자의 전문성을 접목시킨 것이 이 책의 특성! 누구나 이 책을 읽고 경제원리를 체득, 경제예측을 할 수 있게 준비된 생활경제서적.
신국판 / 388쪽 / 12,000원

포스트 PC의 주역 정보가전과 무선인터넷
김광희 지음

이제 포스트 PC시대를 준비하자.
이 책은 포스트 PC의 주역으로 급부상하고 있는 정보가전과 무선인터넷 그리고 이를 구현하기 위한 관련 테크놀러지를 체계적으로 소개한 21세기의 현자(賢者)가 되기 위한 지침서이다. 신국판 / 356쪽 / 12,000원

재테크 경제학(박근수)
마케팅 바이블(채수명)

주 식

개미군단 대박맞이 주식투자
홍성걸(한양증권 투자분석팀 팀장) 지음

초보에서 인터넷을 활용한 주식투자까지 필자의 현장에서의 경험을 바탕으로 한 주식 성공전략의 모든 정보 수록.
신국판 / 310쪽 / 9,500원

미국 · 일본 · 한국시장의 정공법@주식투자분석
이길영 외 2명 공저

일본과 미국의 주식시장을 철저한 분석과 데이터화를 통해 한국 주식시장의 투자의 흐름을 파악함으로써 한국 주식시장에서의 확실한 성공전략 제시!! 신국판 / 384쪽 / 11,500원

항상 당하기만 하는 개미들의 매도 · 매수타이밍 999% 적중 노하우
강경무 지음

승부사를 꿈꾸며 와신상담하는 모든 이들에게 희망의 등불이 될 것을 확신하는 Jusicman이 주식시장에서 돈벌고 성공할 수 있는 비결 전격공개!! 신국판 / 336쪽 / 12,000원

부자 만들기 주식성공클리닉
이창회 지음

주식투자에 성공하기 위해서는 자신만의 투자철학을 가지고 적기투자를 해야만 한다. 저자의 경험담을 섞어서 주식이란 무엇인가를 풀어서 써놓은 주식입문서. 초보자와 자신을 성찰해볼 기회를 가지려는 기존의 투자자를 위해 태어났다.
신국판 / 372쪽 / 11,500원

선물 · 옵션 이론과 실전매매
이창회 지음

철저한 정글의 법칙이 적용되는 선물과 옵션시장에서 일반인들이 실패하는 원인을 분석하고, 반드시 지켜야 할 투자원칙에 따라 유형별로 실전 매매 테크닉을 터득함으로써 투자를 성공적으로 할 수 있게 한 지침서!!
실패를 딛고 일어선 저자의 생생한 실전 노하우를 수록.
신국판 / 372쪽 / 12,000원

역 학

역리종합 만세력
정도명 편저

피흉취길해 나갈 수 있는 생활의 지침서!!
현존하는 만세력 중 최장 기간을 수록하였으며 누구나 이 책을 보고 자신의 사주를 쉽게 찾아보고 맞춰 볼 수 있게 하였다. 신국판 / 532쪽 / 10,500원

작명대전
정보국 지음

좋은 이름 짓는 원리를 체계적으로 공식화한 "쉽게 짓는 작명법"으로 독자들 스스로 작명할 수 있도록 한글 소리 발음에 입각한 작명의 원리를 밝힌 길라잡이이다.
저자와 1:1 운세 상담 전화
휴대폰도 지역번호없이 **0600-0116**
신국판 / 460쪽 / 12,000원

하락이수 해설
이천교 편저

점서인 하락이수를 직역으로 풀어 놓아 원작자의 깊은 뜻을 원형 그대로 전달하고 원문을 공부하려는 사람들에게 도움이 되는 해설서이다. 신국판 / 620쪽 / 27,000원

현대인의 창조적 관상과 수상
백운산 지음

관상에는 그 사람의 평생 운명이 담겨져 있다. 관상을 보면 그 사람의 성격, 운세, 미래의 성공 여부도 예측할 수 있다.
관상학을 터득하여 적절히 운명에 대처해 나감으로써 어느 분야에서든지 성공적인 삶을 누릴 수 있는 비법을 전해줄 것이다. 신국판 / 344쪽 / 9,000원

대운용신영부적
정재원 지음

운명을 새롭게 변화시켜주는 신비의 영부적!!
수많은 역사와 신비로운 영험을 지닌 1,000여 종의 부적과 저자가 수십 년간 연구 · 개발한 200여 종의 부적들을 집대성한 국내 최대의 영부적이다.
신국판 양장본 / 750쪽 / 39,000원

사주비결활용법
이세진 지음

컴퓨터와 역학의 만남!! 왕초보자도 한글만 알면 신녹현사주 방정식을 실전에 응용할 수 있다. 운명의 숨겨진 비밀을 꿰뚫어 보는 신녹현사주 방정식의 모든 것을 수록하였다.
신국판 / 392쪽 / 12,000원

컴퓨터세대를 위한 新 성명학대전
박용찬 지음

이름 속에 운명을 바꾸는 비결이 있다. 태어난 아기 이름은 물론 개명 · 상호 · 아호 짓는 법까지 사람이 살아가면서 필요한 모든 이름 짓기가 총망라되어 각자의 개성과 사주에 맞게 이름을 지음으로써 본인의 삶에 이름값을 할 수 있도록 누구나 쉽게 짓는 작명비법을 수록하였다.

신국판 / 388쪽 / 11,000원

길흉화복 꿈풀이 비법
백운산 지음

김일성 사망과 올림픽 유치, 월드컵 공동 개최를 예언하는 등 국내의 큰 예언을 꿈풀이를 통해서 정확히 맞춰온, 30년이 넘는 세월을 역학에 몸담으면서 터득한 꿈과 관련된 해몽들이 상세하게 수록되어 있고 길몽과 흉몽을 구분하여 그림과 함께 보기 쉽게 엮었으며, 특히 요즘 신세대 엄마들에게 관심이 많은 태몽이 여러 가지로 자세하게 풀이되어 있다.

새천년 작명컨설팅
정재원 지음

오랜 세월 철학원을 운영한 저자의 경험을 바탕으로 일반인들도 '참 쉽다' 라는 표현이 저절로 나올 수 있도록 쓰여졌다. 독학으로 풍수지리학, 사주추명학 및 성명학을 섭렵한 저자의 경험을 되살려, 혼자 배워야 하는 독자들도 정말 이해하기 쉽도록 구성된 신세대 부모를 위한 쉽고 좋은 아기 이름만들기의 결정판이다. 더불어 개명 · 상호명 · 회사명 · 상품명까지 체계적으로 원리화하여 손쉽게 지을 수 있는 작명비법을 제시한다.
신국판 / 470쪽 / 13,000원

백운산의 신세대 궁합
백운산 지음

인간의 운명을 예언하는 역리학의 대가이며, 매스컴을 통하여 잘 알려진 백운산 선생이 남녀궁합 보는 법뿐만 아니라 인간관계, 출세, 재물, 자손문제, 건강문제, 성격, 길흉관계 등을 미리 규명할 수 있도록 쉽게 풀어놓았다.
신국판 / 304쪽 / 9,500원

동자삼 작명학
남시모 지음

한글 성명만으로 사람의 운세를 예측할 수 있다. 최초의 한글 성명학으로 한글의 독창성 · 우수성 · 과학성을 운명철학 차원에서 검증한, 한국사람에게 알맞은 건물명 · 상호 · 물건명 등의 이름을 자신에게 맞는 한글이름으로 지을 수 있는 작명비법을 제시한다. 신국판 / 496쪽 / 15,000원

구성학의 기초
문길여 지음

좋지 않은 운(運)을 길운(吉運)으로 바꾸어 운명을 새롭게 변화시키는 방위학의 모든 것을 통하여 개인의 일생운 · 결혼운 · 사고운 · 가정운 · 부부운 · 자식운 · 출세운을 성공적으로 이끄는 비법 공개. 신국판 / 412쪽 / 12,000원

법률 일반

여성을 위한 성범죄 법률상식
조명원(변호사) 지음

성희롱에서 성폭력범죄까지 여성이었기 때문에 특히 말 못하고 당해야만 했던 이 땅의 여성들을 위한 성범죄 법률상식서. 사례별 법적 대응방법 제시. 신국판 / 248쪽 / 8,000원

아파트 난방비 75% 절감방법
고영근 지음

예비역 공군소장이 잘못 부과된 아파트 난방비를 최고 75%까지 줄일 수 있는 방법을 구체적인 법적 근거를 토대로 작성한 아파트 난방비 절감방법 제시. 신국판 / 238쪽 / 8,000원

일반인이 꼭 알아야 할 절세전략 173선
최성호(공인회계사) 지음

세법을 제대로 알면 돈이 보인다.

현직 공인중계사가 알려주는 합법적으로 세금을 덜 내고 돈을 버는 절세전략의 모든 것! 신국판 / 392쪽 / 12,000원

변호사와 함께하는 부동산 경매 닷컴
최환주(변호사) 지음

경매재테크의 성공을 위한 입찰준비에서 낙찰까지의 경매 입찰 테크닉을 경매 전문 변호사가 명쾌하게 해설한 실전 경매 완벽 가이드서. 신국판 / 364쪽 / 11,000원

혼자서 쉽고 빠르게 할 수 있는 소액재판
김재용 · 김종철 공저

소액재판 · 지급명령 · 민사조정제도는 변호사의 도움 없이도 나 혼자서 간단하고 빠르게 해결할 수 있는 법정분쟁해결방법이다. 나홀로 소액재판을 할 수 있도록 소장작성에서 판결까지의 실제 재판과정을 상세하게 수록하여 이 책 한 권이면 모든 것을 완벽하게 해결할 수 있다. 신국판 / 312쪽 / 9,500원

"술 한 잔 사겠다"는 말에서 찾아보는 채권 · 채무
변환철 지음

현대인들의 삶은 채권 · 채무라는 법률영역으로부터 벗어나서 살 수 없기 때문에 채권 · 채무 관련 분쟁이 끊임없이 발생하고 있다. 이러한 사실에 착안하여 전문 변호사가 속시원하게 구수한 문장력으로 해설해주는 일반인들이 꼭 알아야 할 채권 · 채무에 관한 법률 사항을 빠짐없이 수록했다.
신국판 / 408쪽 / 13,000원

알기쉬운 부동산 세무 길라잡이
이건우 지음

부동산을 사거나 팔 경우, 상속을 받을 경우, 또는 부동산을 소유하고 있을 경우에 세금을 내야 한다는 사실을 모르는 사람은 없을 것이다. 이 책에서는 부동산에 관련된 모든 세금을 알기 쉽게 단계별로 해설하고 있다. 합리적이고 탈세가 아닌 적법한 절세법 제시. 신국판 / 400쪽 / 13,000원

생활법률

부동산 생활법률의 기본지식
대한법률연구회 지음 · 김원중 감수

부동산관련 기초지식과 분쟁해결을 위한 노하우, 테크닉을 제시하고 권두 특집으로 주택건설종합계획과 부동산 관련 정부 주요 시책을 소개하였다. 신국판 / 480쪽 / 12,000원

고소장 · 내용증명 생활법률의 기본지식
하태웅 지음

독자들이 고소 · 고발의 법적 의미를 정확히 이해하고 스스로 고소 · 고발장을 작성할 수 있도록 예문과 서식을 함께 소개하여 문제 해결에 대응할 수 있도록 하였다. 또 민사소송에 대해서도 자세하게 설명하였으며 부록에는 형법과 형사소송법의 원문을 게재하여 법전 역할까지 할 수 있도록 하였다.
신국판 / 440쪽 / 12,000원

노동 관련 생활법률의 기본지식
남동희 지음

노동 관련 생활법률의 기본지식
남동회 지음

인터넷 노무 상담실을 운영하며 4만여 건 이상의 무료 상담을 계속하고 있는 저자의 상담 사례를 통해 문답식으로 속시원하게 풀어나가는 노동 관련 생활법률 해설의 최신 결정판이다. 아울러 취업규칙·단체협약·고용보험 관련 여러 가지 서류 및 직장 내 성희롱 예방 지도 지침 등과 같은 노동 관련 양식도 곁들였다.   신국판 / 528쪽 / 14,000원

외국인 근로자 생활법률의 기본지식
남동회 지음

외국인 연수협력단의 자문위원으로 오랜 시간 실무를 접했던 저자의 경험을 바탕으로 외국인 근로자의 체류자격 및 취업자격 등 법적 문제와 법률적 지위를 상세하게 다루었다.
신국판 / 400쪽 / 12,000원

계약작성 생활법률의 기본지식
이상도 지음

법을 전공하지 않은 사람이라도 국민생활과 직결된 계약법의 기초를 이루는 핵심 기본지식을 체계적으로 쉽게 이해할 수 있도록 했으며, 간단명료한 해설과 더불어 이와 관련된 계약서 작성 예문을 상세하게 예시함으로써 실제 상황에 활용가능하게 하였다.   신국판 / 560쪽 / 14,500원

지적재산 생활법률의 기본지식
이상도·조의제 공저

현대 산업사회에서 중요시되고 있는 특허, 실용신안, 의장, 상표, 저작권, 컴퓨터프로그램저작권 등 지적재산의 모든 것을 체계화하여 한 권으로 요약하였다. 아울러 지적재산 전체를 통틀어 다루되 상호 연관적으로 해설하여 실무에 직접 활용할 수 있도록 하였다.   신국판 / 496쪽 / 14,000원

부당노동행위와 부당해고 생활법률의 기본지식
박영수 지음

노사관계 이슈 중에서 주요 핵심사항인 부당노동행위와 정리해고·징계해고를 중심으로 간단 명료한 해설과 더불어 대법원 판례, 노동위원회에 의한 구제절차, 소송절차 및 노동부 업무처리지침을 소개하여 실질적인 도움이 되도록 하였다.
신국판 / 432쪽 / 14,000원

주택·상가임대차 생활법률의 기본지식
김운용 지음

전세업자들이 보증금 반환소송이나 민사소송, 경매절차까지의 모든 기본적인 흐름을 알 수 있도록 인터넷을 통한 실제 법률 상담을 전격 수록하였다. 이 책을 통하여 사전 분쟁을 막고 많은 시간과 비용 및 정신적 고통까지 당하는 소송이나 강제집행의 단계에 이르지 않고 문제 해결을 할 수 있도록 하였다.
신국판 / 480쪽 / 14,000원

하도급거래 생활법률의 기본지식
김진홍 지음

경제적 약자인 하도급업자를 위하여 하도급거래 관련 필수적인 법률사안들을 쉽게 해설함과 동시에 실무에 필요한 12가지 하도급표준계약서를 소개하여 공정한 하도급거래의 법률자문 역할을 할 수 있도록 하였다.

신국판 / 440쪽 / 14,000원

이혼소송과 재산분할 생활법률의 기본지식
박동섭 지음

이혼과 관련하여 해결해야 할 법률문제들을 저자의 실무경험을 바탕으로 명쾌하게 해설하였다. 아울러 약혼이나 사실혼파기로 인한 위자료문제도 함께 다루어 가정문제로 고민하는 사람들에게 길잡이가 되도록 하였다.   신국판 / 460쪽 / 14,000원

부동산등기 생활법률의 기본지식
정상태 지음

등기를 하지 않으면 어떤 위험이 따르고, 등기를 하면 어떤 효력이 생기는가! 등기신청은 어떻게 하며, 필요한 서류는 무엇이고, 등기종류에는 어떤 것들이 있는가 등 부동산등기 전반에 걸쳐 일반인이 꼭 알아야 할 법률상식을 간추려 간단, 명료하게 해설하였다.   신국판 / 456쪽 / 14,000원

기업경영 생활법률의 기본지식
안동섭 지음

사업을 구상하고 있는 사람이나 현재 경영하고 있는 사람 및 관리실무자에게 필요한 법률을 체계적으로 알려줌으로써 성공적인 기업 경영자의 비전을 제시해준다. 또한 관련 법률서식과 서식작성 예문도 함께 소개하였다.   신국판 / 466쪽 / 14,000원

교통사고 생활법률의 기본지식
박정무·전병찬 공저

교통사고 관련 법률문제를 몰라 당황한 나머지 억울하게 피해를 보는 사람들이 많은 점을 고려하여 사고당사자가 쉽게 응용할 수 있도록 단계별 해결책을 제시함과 동시에 사고유형별 Q&A를 통하여 상세한 법률자문 역할을 하였다.
신국판 / 480쪽 / 14,000원

소송서식 생활법률의 기본지식
김대환 지음

우리가 사회생활을 하면서 부딪치게 되는 사안들을 일상생활과 밀접한 소송서식을 중심으로 소장작성부터 판결을 받을 때까지 그 절차마다 법원에 제출하는 순위에 따라 그 서식작성 요령을 서식 항목별로 자세하게 설명.
신국판 / 480쪽 / 14,000원

처 세

성공적인 삶을 추구하는 여성들에게 우먼파워
조안 커너·모이라 레이너 공저, 지창영 옮김

사회의 여성을 향한 냉대와 편견의 벽을 깨뜨리고 성공적인 삶을 이루려는 여성들이 갖추어야 할 자세 및 삶의 이정표 제시!!   신국판 / 352쪽 / 8,800원

聽 이익이 되는 말 話 손해가 되는 말
우메시마 미요 지음·정성호 옮김

상호 교류감이 있는 대화가 인생과 비즈니스를 성공으로 이끈

다. 직장이나 집안에서 언제나 주고받는 일상의 화제를 모아 실음으로써 대화의 참의미를 깨닫고 비즈니스를 성공적으로 이끌기 위한 대화술을 키우는 방법 제시!!
신국판 / 304쪽 / 9,000원

성공하는 사람들의 화술테크닉
민영욱 지음

개인간의 사적인 대화에서부터 대중을 위한 공적인 강연에 이르기까지 어떻게 말하고 어떻게 스피치를 할 것인가에 관한 지침서. 자신의 경험을 바탕으로 한 이론을 통해 화술이 부족해서 사회에 적응하지 못하는 사람들에게 길라잡이가 된다.
신국판 / 320쪽 / 9,000원

성공을 부르는 사람 실패를 성공으로 만드는 사람 (번역서)

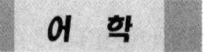

명상으로 얻는 깨달음
달라이 라마 지음 · 지창영 옮김

티베트의 정신적 지도자이자 실질적 지도자인 달라이 라마의 수많은 가르침 가운데 현대인에게 필요해지고 있는 인내에 대해 문답형으로 풀어놓았다. 달라이 라마와 함께 풀어보는 인내에 대한 이야기. 국판 / 320쪽 / 9,000원

2진법 영어
이상도 지음

영어학습의 대혁명!!
2진법 영어의 비결을 통해서 기존 영어학습 방법의 단점을 말끔히 해소시켜 주는 최초로 공개되는 고효율 영어학습 방법. 적은 시간을 투자하여 영어의 모든 것을 획기적으로 향상시킬 수 있는 비법을 제시한다. 4 · 6배판 변형 / 328쪽 / 13,000원

한 방으로 끝내는 영어
고제윤 지음

일상생활에서의 이야기를 바탕으로 하는 영어강의로 영어문법은 재미없고 지루하다고 생각하는 이 땅의 모든 사람들의 상식을 깨면서 학습 효과를 높이기 위한 공부방법을 제시하는 새로운 영어학습서.
이 책으로 영어문법을 마스터하여 영어의 벽을 뛰어넘도록 하자. 신국판 / 316쪽 / 9,800원

당신은 아직도 반쪽 영어를 하십니까?(가제)
김승엽 지음

일상생활에서 우리가 무심코 던지는 영어 한마디가 당신의 영어수준을 드러낸다는 사실을 깨닫게 하는 영어 실용서. 풍부

한 예문을 통해 참영어를 배우겠다는 사람, 무역업이나 관광 안내업에 종사하는 사람, 영어권 나라로 이민을 가려는 사람들에게 많은 도움을 줄 것이다. 4 · 6배판 변형